大展好書　好書大展
品嘗好書　冠群可期

大展好書　好書大展
品嘗好書·　冠群可期

實用武術技擊⑬

魏峰 編著

詠春拳速成搏擊術訓練

大展出版社有限公司

　　筆者首先學習的是傳統詠春拳法，後又接觸到李小龍所傳下來的革新後的詠春拳法，發現李氏的詠春拳無論在技術上還是在理論上又已完善了很多，雖然對於傳統的詠春拳練習者來說，李小龍的學說未必是對的，但事實已經證明李小龍的獨特風格的詠春拳更容易被世界武壇所接受，自李小龍之後，詠春拳已經在全世界範圍內有了極為迅猛的發展，今天在海外已有數千間已經註冊的詠春拳拳館，擁有近千萬會員，誰也沒有想到這門由一位中國女性所創立的民間拳術，今天已成為至少二十多個國家的特種部隊與特警的必修課目，如世界第一流的特種部隊美國海軍陸戰隊、美國太平洋第七艦隊、法國特種空降部隊、埃及特種作戰部隊等，詠春拳可以說是牆內開花牆外香，它首先在國外的推廣取得了巨大的成功，然後再成功回流到國內。

　　談到詠春拳的世界性發展，首先應推葉問宗師的功勞，雖然在葉問 1949 年移民香港後國內仍有人在小規模的傳授詠春拳，但由此產生的效果卻相當有限，因為「文革」的關係加上有一段時間有關部門將詠春拳列為「禁拳」（原因是它可輕易破解公安系統練習的擒拿術），所以，詠春拳在國內的發展受到很大的影響。在這段時間內，詠春拳在海外的發展卻駛上了快車道，首先葉問宗師將詠春拳在港澳生枝展

葉，然後他的弟子又將詠春拳傳播到了全世界。例如李小龍的師兄張卓慶首先去澳洲開設了可頒發政府認可文憑的詠春拳學院，同是李小龍的師兄的王喬則於 1974 年到荷蘭開設詠春拳館，另一詠春門人李勝也早於他們兩人於英國教授詠春拳法。李小龍則到美國去靠詠春拳打天下。

我國在改革開放後隨著西方文化的輸入，人們才進一步瞭解到了詠春拳的巨大技擊功用。但是，由於諸多本門前輩不願將絕學輕易示人，所以，便嚴重阻礙了詠春拳在國內的發展，眼看著外國人也嘗到了詠春拳的甜頭並已具備了相當高的水準，我們再不加快發展的步伐，便會有被人遠遠甩在後面的危險（事實上在近年來的一些同海外詠春界的對抗交流中我們已是負多勝少），我想這應該不是我們武術界特別是詠春拳界所願看到的。

應廣大詠春拳愛好者及廣大搏擊愛好者的要求，筆者特將多年來的修習訓練經驗寫出來，希望能對廣大搏擊練習者提高技術與理論認識起到一定的作用。筆者的另外一個重要目的是借此拋磚引玉，希望諸位老前輩能踴躍奉獻絕學，為造福社會與弘揚國術做出更多貢獻。如今世界大同，武林一家，我們要把武術推向奧運，就必然要獲得全世界的認同，而要獲得他們的認同，首先要教給他們真功夫，否則他們便沒有興趣來參與這項運動。現在時代早已不同，觀念更應放開，武術界的同仁們是大顯身手的時候了！

魏　峰
浪漫之城珠海

目　錄

詠春拳速成搏擊術訓練

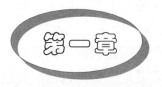

第一章

詠春拳源流探秘

　　中國武術界有句古話叫「天下功夫出少林」，也就是說很多武術門派都源出於少林寺或受少林武術的影響而發展起來的，而詠春拳（有叫「永春」或「泳春」、「咏春」）亦似乎脫離不了這種關係。

　　由於本書所介紹的詠春拳以葉問宗師在香港傳下來的詠春風格為主，故在傳承與源流上也以本流派的研究與說法為主。當然「詠春拳」與「永春拳」是有一些區別的，因為後者裏面有更多的南少林拳的成份。

　　根據葉問老宗師的手跡得知，是當年少林寺的一場大火才最終造就了詠春拳的創立，儘管「火燒少林寺」之說在時間上存在著爭議（一說是清康熙年間，一說是在雍正年間；還有種分歧是認為到底是火燒北少林還是南少林，因為傳說中此兩間少林寺都被燒過），但在「北少林」與「南少林」的分歧上應該是當時火燒的為南少林才對。因為不可能兩座少林寺同時被燒，其次是後來的詠春拳在風格上應與南少林更為接近。

　　在這場大火中，有五位「長老」（拳術頂尖高手）殺出了重圍得以逃生。他們是五枚、至善、白眉、馮道德及

苗顯，這就是後來歷史上有名的「少林五老」，而清廷之所以要圍剿與火燒少林寺，是因為清廷滿族向來信奉佛教，故而對僧侶監管得比較鬆，漸漸地少林寺已變成了中國最大的反清復明基地，當然也是由於叛徒告密才引來了這場浩劫。

「少林五老」全因為功夫超卓才得以在數千清兵的層層圍攻下殺出一條血路逃了出來，逃出後為了躲避清兵的追殺，便只好四散隱居逃生。

據說至善禪師由福建避於廣東紅船當了一名夥夫，苗顯則躲到了苗寨（雲南），至於五枚則來到了遙遠的川滇邊境（即四川省與雲南省的接壤處）之大涼山。

其中五枚雖是女性，卻同樣精通各門少林武藝，尤其精於福建白鶴拳（廣東亦有一種白鶴拳，據說乃由西藏傳來。福建的白鶴拳由於發源自福建永春縣，所以又叫永春白鶴拳），據說五枚在依佛門之前便是一名拳術高手，所以當時雖被追殺，卻始終未放棄拳藝的修習，這一時期由於她考慮到自己年齡大了，再不能用過去的硬朗的格鬥技術與風格去與敵進行搏擊了，所以，便下決心對現有的拳藝進行改革，並由於自己是女性，因此要打敗強敵，必須靠精湛的「技巧」去取勝。

一次，她偶然看到了一場特殊的打鬥：一隻鶴與一條大蛇在相鬥，當時她參悟到了鶴的「啄」擊之「中線攻擊」與蛇的「刁鑽、靈動」，當然在她所創立的新武術體系中雖並沒有採用蛇或鶴的象形技巧，卻是利用了它們的格鬥原理與靈性。

在這裏先不說五枚到底有沒有看到「蛇鶴鬥」以及有

沒有從蛇鶴鬥中吸取什麼原理，但她武功超人及拳術簡捷、實用則似乎是不容置疑的，因為她還教出了嚴詠春這個好徒弟。

有人說五枚所創出的這種拳法實際上仍是南派少林拳，但事實上，她的新武術體系已與原有的南少林拳風格有所不同。例如，原有南派少林拳大多採用「長橋大馬」之勢，招勢沉雄剛勁。而她的新體系則採用的是「短橋窄馬」，注重以巧力勝強敵，因為作為女性的五枚不可能拉開大馬步同人去搏鬥。

所以說，經五枚革新後的新武術體系，已與原有的南派少林拳法中的某些體系大有不同，而且也似乎更適合女性練習。

話說當時清廷火燒少林寺後，並沒有停止對那些逃生者的追殺及對一些俗家弟子的清剿，其中有一個叫嚴二的俗家弟子同樣為了躲避追殺也來到了大涼山腳下，由於這個嚴二能做一手好豆腐，因此便同女兒嚴詠春開了一家豆腐檔維持生計。

五枚師祖經常下山買他們的豆腐，因此，慢慢地便熟悉了起來，但這時五枚還沒有教嚴詠春武功的念頭。只是到了有一天，當地的一位年過半百的土豪看中了年輕漂亮的嚴詠春而欲強納她做小妾時，五枚才偷偷地把詠春帶走了。因為早些時候她們通過交談，五枚已得知詠春自幼由父母做主已許給了一個閩籍商人梁博儔，但這時五枚為了避免暴露身份又不敢公然出手相助，只好把自己的武藝傳給了嚴詠春，因為她知道「送人一魚」，不如「授人捕魚之技」，而且直到五枚認為詠春足以對付那個土豪時，才

讓她下山回家。

嚴詠春的再次出現又樂壞了那個土豪，但詠春卻提出了一個好像正中他下懷的條件：「除非能將她打敗，否則什麼也別想。」由於這個土豪自幼年時家裏就給他請了個護院武師教他武功，所以幾十年下來倒也練就了一身好拳腳功夫，因此，便爽快地答應了詠春的條件，在他看來幾個壯漢一起上都不是自己的對手，擊敗一個弱小女子又有何難？對此為防止詠春反悔還決定進行公開比武。

但令這個土豪做夢也沒有想到的是，比武時嚴詠春只一個「攤手沖拳」便將自己打得滿面血花，接下來再攻又被詠春連續擊倒在地數次，不得已，只好俯首稱臣。

這個土豪說話還是算數的，從此以後再也沒有來騷擾過詠春，後來詠春也曾再次到五枚那裏去深造這門可「以弱勝強，以柔克剛，以小制大」的精妙武技，但五枚卻並沒有告訴她這門鬥藝叫什麼拳法，只是告誡她勿輕易將秘技外傳。

後來嚴氏一家等風聲過後又回到了故里，而嚴詠春亦順理成章地嫁給了同樣是武術高手的梁博儔，不過，據說這位梁氏高手也並非嬌妻的對手，所以，詠春便又將這套秘拳教給了自己的丈夫。

由於現在梁博儔「二藝合一」而拳藝高超，無人能敵，人們便問他練的是什麼名拳，梁博儔也不知叫什麼拳，便隨口答曰「詠春拳」（當然人們也並不一定知道他妻子叫嚴詠春）。為了不使這套極為厲害的拳法失傳，梁博儔便將這套詠春拳教給了一位族親梁蘭桂，這是一位以醫治跌打為生的武林高手，由於他也是帶藝投師，所以進

步極快，很快亦成為當地一代名師。

詠春拳同中國其他傳統武術門派一樣，強調「傳內不傳外」，由於梁蘭桂無子，因此，他便將這套絕藝傳給了一位近親黃寶華，這個黃寶華後來成為戲班中的出色武生，他則將詠春拳教給了戲班中的另一位武術好手梁二娣，至此詠春拳總算沒有出梁氏門第。

這位梁二娣可不簡單，他不但繼承了梁蘭桂的衣鉢，而且同時又是「少林五老」中至善禪師的入室弟子，由於至善禪師從「少林大劫」逃出後化裝進入戲班紅船，並成了一名伙夫，所以已無人能認出他。由於所從事的工作註定了他不能經常上岸去活動，因此，閑來無事便舞棍自娛。他原在寺中之時便以棍術最為拿手，加上這些年的潛修苦練，因此，棍法已達化境。

當然那梁二娣也是識物之人，一看就知道遇到了絕世高人，便下決心拜至善為師。因為紅船中人大多為反清志士，所以，至善破例教梁二娣武功亦並不難理解。

還有一種說法是至善同梁二娣來了個「互換拳藝」，亦即「拳棍互換」，不過，此說法好像疑點頗多，因為正常情況下至善與嚴詠春的師父五枚是一個輩份，他不可能與一後輩互換拳藝。當然至善擅長「少林六點半棍」則是真的，只是梁二娣在學了他的棍法後又滲入了自己的詠春原理而已。但不管怎麼說，從梁二娣開始詠春拳中多了一套「六點半棍」則是不爭的事實。

還有一點要補充的是，至善禪師傳下來的武功體系後來被人們稱為「永春拳」，那麼有人可能會問，這個「永春拳」與「詠春拳」又有什麼內在聯繫呢？原來據說五枚

原為永春白鶴拳的高手，而永春白鶴拳的創始人亦為一位女性，叫方七娘，所以，此兩派拳術在技擊風格上有許多相似之處，但卻非同一拳術，五枚與方七娘也非同一人（已有部分武術界人士誤認為此兩人是同一人）。至少五枚的詠春拳已在永春拳的基礎上發展了很多。

梁二娣告老還鄉後又收了一位儒醫高足梁贊，在詠春拳的歷史上，梁贊絕對是個關鍵人物，因為是他使得詠春拳名振粵閩。

這位頗有紳士風度的名醫出身於書香門弟，不僅醫術高超，且能寫一手好書法，在當時的南粵經濟重鎮佛山可稱得上是一絕。不過，這卻是一個外柔內剛之人，因為他的「佛山拳王」威名是完全靠實力打出來的，而不是像有的武師那樣是靠「宣傳」出名的，是他將詠春拳由「地下」轉入「地上」的，他的連番征戰逐步確立了詠春拳的威名。由於他從無敗跡，因此，人們又尊稱他為「佛山贊先生」，這時梁贊雖名振一方，卻未曾有設館授徒的想法，只是在閑來教教幾個子侄以自娛。

佛山向有「武術之鄉」之稱，習武者甚眾，要想以拳勇出名，絕不是一件容易的事，而今梁贊實至名歸，以詠春絕藝名振一時，自然有很多人想投入其門下。

當時有個來自廣東順德叫「找錢華」的武術狂熱追求者便一心想拜梁贊為師，這個以找續碎銀為生的漢子真名叫陳華順，自幼生得高大結實，且從小癡迷武術，可是當時詠春拳的規矩是「傳內不傳外」，只有梁氏子侄或梁氏族人才可擇人而授，而有機會學到此門被外間傳至神乎其神的拳藝。所以就憑陳華順軟纏硬磨，梁贊就是不答應，

因為梁贊家資豐厚而無需以教拳謀生。

但陳華順雖外表生得憨厚老實，卻也頗有心計，不愧是個精明的小商人，他便採取一個沒有辦法的辦法：每天晚上乘梁贊教學生時從其鋪頭的門縫中去偷學，因為梁贊當時都是晚上收工後將鋪門關上而在店鋪中授藝，而當時的店鋪又全都是用木板門擋著，故而或多或少會有一些縫隙。不過，有一天這個「秘密」還是被梁贊發現了，因為一次梁贊外出後，陳華順竟在他人鼓動下與梁贊的兒子梁春進行了一次友誼性的交手，結果竟勝了對方，自然也就露出了詠春拳的招式來。

世上沒有不透風的牆，梁贊很快知道了陳華順「偷拳」之事，便把他招至店鋪問個究竟，同時也看了一下他的身手，他發覺陳華順只是學了詠春拳的一些皮毛功夫，他之能勝過自己的兒子，是因為他平時用功練習，及身高體壯的緣故，陳華順近兩公尺的身高加上從事的又是體力活，自然沒那麼容易落敗。

但如今生米已做成熟粥，陳華順已經學了一部分詠春拳，如果以後出去同人較技落敗的話，自然會影響到詠春拳的聲譽，因此，在陳華順的苦苦哀求下，梁贊最終還是答應收他為徒，真是「功夫不負有心人」，陳華順終於以誠心打動了佛山拳王梁贊。

當然，梁贊也發現陳華順是個學武的好材料，加以調教後必成大器。在陳華順當時的師兄弟中，功夫高卓的有恩師的兩個兒子梁春、梁壁，還有「獵肉貴」盧貴等人，不過，據說其中是以陳華順的武功為最高，究其原因：一是拳藝得來不易故而倍加珍惜，而下苦功勤習；二是實踐

得多，因為他經常代師應戰；三是身高體壯，正所謂「身大力不虧」。

陳華順後來以從師門中學來的醫術為生，不過，卻同師父梁贊一樣沒有公開設館授徒，只是私下帶著幾名弟子進行修習，他一生中的授武生涯長達近 40 年，但前後卻只教過 16 名弟子，這一點他繼承了師父梁贊「重質不重量」的特點。

古時候人們把門派與聲譽看得至關重要，他們絕不會因為某一位門徒之優劣而去影響到整個門派，所以，要嘛不教，要嘛就把他培養成頂尖高手。

陳華順收徒之嚴格與苛刻與其師父相比是猶過之而無不及，他最出色的弟子有吳仲素、陳汝棉（陳華順兒子）、雷汝濟、吳小魯、阮奇山等幾人，至於他的最後一位弟子葉問則是在其 70 歲以後才收下的。

葉問亦出身於佛山望族，據說自小就有三大愛好：「打功夫，玩槍（後來當過一段時間的偵緝隊長），玩雀」。由於他格外聰慧，故深得師父的喜愛，但好景不長，陳華順在僅僅教了他三年拳藝後便與世長辭了，不過在他臨終前亦叮囑早已代師授藝的吳仲素要照顧好這位關門小師弟。

後來葉問要離開佛山到香港讀書，因為家裏人希望他接受最好的教育。「塞翁失馬，焉知非福。」葉問在香港他又碰到了師公梁贊的兒子梁壁——一位正宗詠春拳藝的擁有者，自然他不會錯過這個可遇不可求的機會，這樣直到他 24 歲數時才回到佛山。

當時，葉問在香港讀書時並未放棄練功，後來聽同學

講有一位武師的功夫相當厲害，便想去見識一下，結果不打不相識，他生平中第一次在講手中輸給了對方，當然也是唯一的一次，原來這位中年武師不是別人，正是自己的師叔梁璧。葉問在跟梁璧學藝幾年後才回佛山，但這時他已可稱得上是真正的詠春高手了。

重要的是，他亦繼承了開門師父陳華順的秉性，即「以事實說話」，他堅信功夫是「打」出來的，並且在他的一系列「講手」中從未遇到過對手，詠春拳的實戰技擊能在他的身上發揮得淋漓盡致。

葉問宗師雖生得清瘦，但卻拳風如電而相當潑辣凌厲，更曾於 1 分鐘內以「連環沖拳」擊倒當地精武體育會的一位北派武術名師。

葉問在佛山時亦收過一些弟子，其中最出名的有周光裕、郭富、倫佳、陳志新等人，另外，別的詠春流派的彭南師傅也曾得到過葉問的指點。二戰爆發後，葉公便毅然辭去了在警局的職務而來到了香港，並一直到 1949 年才開始教授拳藝，此時葉問已 56 歲，但仍拳技精湛。他在香港的早期弟子有梁湘、駱耀、黃淳樑、徐尚田等人。

葉問宗師據說生前有「五不喜」：一、不喜穿西裝；二、不喜直指人非；三、不喜隨便教腳；四、不喜收女弟子；五、不喜照相。

另外，據說還有「四不教」：一、無錢的不教，因為他學不起；二、有錢的不教，因為他可能不會用心學；三、聰明的不教，因為他可能學得太快而不扎實；四、愚笨的不教，因為怕他學不好。

不管以上說法是真是假，都足以說明葉問宗師都是一

個很有個性的武林長者。

在葉問的弟子中數黃淳梁最注重實戰，且打遍全港無敵手，被譽為「講手王」。

李小龍則是於 1954 年由葉問宗師的另一個高足張卓慶介紹而拜入門下的，李小龍雖在館中學了幾天覺得「很悶」而退了出來，但在接下來的一場打鬥中，於下意識的情況下使出了詠春拳的一記「日字沖拳」並反敗為勝後，便又再次回到了葉師門下，不過是由「主戰派」的黃淳梁師兄負責去代師授藝。這一下更是使得李小龍如魚得水，因為授業師兄不僅拳技超眾，且在詠春的理論上有極高的見地，所以，在黃淳梁的悉心指導下，李小龍迅速成長起來。由於李小龍同黃淳梁一樣注重實踐，所以他們兩人很投緣，並很快成為詠春「實戰派」的代表人物。

由於他們是以實踐來驗證自己的每日所學，所以最終練出來的效果可能與其他師兄弟略有不同。況且李小龍學習武術的目的純粹就是為了實戰與格鬥，而詠春拳又剛好符合他的口味與性格，因此，他對詠春拳的學習也確實到了「如饑似渴，如癡如醉，廢寢忘食」的地步，為了多得到師兄的個人指點，他甚至常在師兄家門口對別的來學藝的同門師兄弟說「師兄不在」，然後他就可以獨自一個人去享受師兄的單獨指導了。

黃淳梁對李小龍的盡心講授與指導，為李小龍後來成為一代功夫大師打下了堅實的基礎。也可以說，如果沒有靠詠春拳打下深厚的基礎，就沒有後來截拳道的凌厲攻擊力，因為截拳道的大部分技戰術手段與訓練模式都直接來自於詠春拳中。

例如，它的核心理論「以無法為有法，以無限為有限」便演變自詠春拳中的「無招勝有招」，其中截拳道的中間骨幹拳法「直沖拳」便原原本本的源自於詠春拳之「日字沖拳」；而李小龍另一成名絕技「寸勁拳」也是由詠春拳中的「寸勁」發展而來的。

李小龍的詠春門大師兄梁湘亦這樣說過：「李小龍雖自立門戶成為一代宗師，但不容否認的是，他的絕大部分功夫仍是以詠春為根本的。」李小龍自己也承認，截拳道與詠春拳的基本理念相同，只是演繹不同罷了，他更在給授業師兄黃淳梁的信中這樣說道：「很感謝你和師父在港時多多指導我詠春門徑，特別是多得您的指導與教誨而使我走上現實路。」

李小龍雖創立了世界上最先進的武術系統，他始終承認詠春拳對他創立新武學所起了巨大的作用，他亦常常對學生們說起師父的故事及詠春拳的傳奇。

李小龍雖於 1967 年創立了別樹一幟的截拳道，但在 1967 年以前他的教學內容還是以改良後的詠春拳為主的。即使在今天，很多世界一流截拳道名家如英國的拉烏爾‧大衛斯，美國的蓋瑞‧迪爾、傑瑞‧比斯利等等，就連李小龍宗師的首位入室弟子木村武之，雖開了 40 餘年的「振藩國術俱樂部」，但所教的仍是以詠春拳格鬥技術為主體的「振藩功夫」（木村大師於 2002 年 11 月底首次到香港開設為期兩天的「振藩功夫特訓班」）。

李小龍的第二位入室弟子嚴鏡海，生平最拿手的也是詠春拳，可見詠春拳與截拳道的共同存在並不矛盾，而筆者個人的建議則是：「不管你曾修習過任何拳術，詠春拳

都可大大提升你的攻擊之威力。」當然，只要是存在著的東西就是合理的：詠春拳不但沒有被社會的進步與武壇的進化而淘汰，相反，它卻更加煥發出了旺盛的生命力。

李小龍在世界武壇上的輝煌成功亦直接帶旺了詠春拳，因為人們在研究李小龍的超人武功與成功之道的同時不禁會問，李小龍的截拳道的技術核心是什麼？李小龍到底練過什麼拳法？噢，原來他練的是詠春拳！正因為如此，詠春拳以比任何拳道都快的發展速度迅速風靡全球，成為中華武術在海外最龐大的單項武術組織。

談到詠春拳今日在全世界的迅猛發展，李小龍功不可沒。當然李小龍的詠春拳技術系統已減少了許多花俏與不實際的動作，而處處針對於實戰與技擊，以滿足外國人講求實用的要求。

改良後的詠春拳由於減少了很多多餘的動作與技巧，因此，也就縮短與減少了練習時間，進而增強了練習效果。這很符合現代化社會的快節奏，因此，很容易被現代社會所接受。

第二章

詠春拳技擊原理解析

目前，歐美許多國家的軍警部隊都把詠春拳列為他們的必修課目，如美國海軍陸戰隊、美國太平洋第七艦隊、聯邦調查局及法國的 RAID 等，這些身高馬大的「傀老」（廣東俚語，指外國人）為什麼會鍾情於這種「短橋窄馬」的功夫呢？原來他們的觀念與國人有所不同，他們所追求的是「實戰作用」，而我們則崇尚的是表演效果。他們既然所追求的是實際的打鬥效果，那麼特別適合無武術基礎的人修習的詠春拳便成了他們的最佳選擇。能將毫無武術基礎的人在極短的時間內訓練成為格鬥高手，詠春拳肯定有它自身極為顯著的特點，當然這也是本章所要闡述的重點。

一、「守中用中」的運用

我們都知道，每個人都會有一條從正面百會穴正直下行至人中穴、咽喉、心窩、丹田，直至地面的中心線（圖1），簡稱之為「中線」。詠春拳為什麼提倡「攻守搶中線」呢？

圖1

圖2

圖3

一是因為「中線」是人體上的重心線，如果破壞了人的重心線，人自然會失去重心而倒地；其次是因為人體大多數的要害部位都集中在「中線」上，所以有效地打擊對手的「中線要害」，也是擊倒或擊敗對手的捷徑。當然，正因為攻擊對手

圖4

「中線部位」可輕易將敵擊倒或擊傷，那麼，你在攻擊敵方中線要害的同時更要注意守護好自己的「中線要害處」，這就是詠春拳或是截拳道中的「守中用中」，也是詠春拳中最基本的核心指導理論。

如果不諳「中線」之原理，則很難臻至詠春拳之最高境界。從（圖2、3、4）中可以看到，無論手法怎麼變化，但對「中線」的守護則始終不變。

我們都知道詠春拳是一種高度技巧性的拳術，它的關

圖5　　　　　　　　　　圖6

鍵就在於一個「巧」字，而「攻守搶中線」便已將這個「巧」字發揮到了極限，因為即便是一個體形瘦小的人，倘能在搏擊中有效擊中對手的「中線要害」的話，亦能迅速制敵。

　　當然真正的詠春拳高手還能在對手「拳搶中線」的同時，「後發先至」而反「搶」敵「內門」，即以我方的「中線動作」將對方的手臂從「中線」上「擠」出，而使對方的攻防動作只能處於外圍，這一技擊特點在詠春拳中又叫「裏簾必爭」，當然這也是有科學上的道理的。

　　從另一個方面來講，如果我方已經嚴密地摒護住了自己的「中線」，那麼，對方便無法發起其威力強猛的直線攻擊動作來，而只能以速度較慢的弧線形攻擊動作從側面（兩側）攻來，這樣一來便延長了其攻擊距離，同時亦延長了其作用時間，自然也就降低了其攻擊效率，而我方則可有足夠的時間做出反應並進行有效的迎擊或防禦，而且我方在防禦的同時仍可由「中線」直插進去而果斷重擊對手（圖5、6）。

圖7

圖8

二、「經濟節約線」原理的運用

所有與李小龍交過手的技擊家無不驚異於他的快如閃電般的驚人攻擊速度。據他自己解釋，他的動作之所以往往可以快人一步，取決於以下兩個方面：

一是透過反覆訓練與不斷地快速擊打來練習速度；

二是他所使用的動作本身便已決定了它將擁有極快的速度。

李小龍為什麼會這麼說呢？原來無論是詠春拳還是他後來所獨創出的截拳道，都以那種簡單、直接、強勁、快速的直線攻擊動作為主（攻擊動作通常分為「直線攻擊動作」和「弧線形攻擊動作」兩種），原因是由「直線」攻出的動作所走的路線最短，與那些弧線形動作相比，它節省了大量的運動時間與運行距離，在這種情況下，就算對手搶先發起攻擊，而我方卻仍可後發先至迅速準確地擊中對手（圖7、8、9）。此種原理在初中課本中已經學到，

圖9

圖10

叫「兩點之間直線最短」。

　　如果把前一節中的「攻守搶中線」同這裏的直截了當
的省時、省力的「直線攻擊法」相結合起來，便可得到這
樣一個理念：

　　詠春拳的攻擊動作之所以令人防不勝防，是因為它是
由最短的路徑去直接創擊對手的「中線要害」或是距離己
方最近的目標（圖10），從而大大增加了對手對此類動作
做出反應的時間與難度，此類動作的威脅性就猶如手持一
柄利劍去直刺敵咽喉或心臟一般（西洋劍術都是把主攻手
放在前面，以增大攻擊的突發性，這一點正好與詠春拳的
格鬥風格不謀而合）這種威脅是令人膽顫心驚的。

　　正因為詠春拳的攻擊動作貫穿了省時、省力、短促、
突然的原則，所以才被冠上了「經濟節約線」的名號。

　　當然，這種科學而合理的原理與原則是詠春拳所獨有
的，最起碼詠春拳也比別的拳派更加注重此等原理的運用
與發揮。

　　詠春拳中的「後發先至」並非它一定要求練習者做

到，而是詠春拳本身的技術結構註定了它可以這樣做到。

三、「內外門」原理的運用

可能大家都聽說過「手是兩扇門，全憑腿打人」這句著名拳諺，那麼這個「門」又到底是如何運用的呢？首先它起到一個防守的作用，不過相對於詠春拳來說，它所起到的作用好像更大一些，或者說在運用上劃分的要更詳細一些。

通常可把人體劃分為兩種：即「內門」與「外門」，一種是處於兩手臂之外的稱為「外門」，兩手臂之內的則稱之為「內門」（圖11）。在此種「內外門」之中，當對手的攻擊處於外門時我方則根本不用理會。

另一種「內外門」原理是：把向前伸出的手臂之前半部分稱之為「外門」，後半部分即上臂部分稱之為「內門」，這種內外門之分是以自己的肘關節為界的（圖12）。

在實戰運用時，對於對方任何攻向外門的打擊動作皆用己方前手來格擋；同樣的道理，對於對方任何攻向己方內門的動作皆用後手來防禦。也就是說，前手主要用來防禦外門攻擊，後手主要用來防禦內門攻擊。

在實戰中，無論對方的招式如何變化，皆不外乎是置於自己的雙手之「內門」或「外門」而已。當然，我們應設法使敵雙手置於己方「外門」，也就是設法使其雙手離自己的「中線要害」遠一些；或者說使其攻擊偏離自己的身體。這就要求己方的雙手應始終占牢「內門」這一關鍵部位，當然這一要訣也是應與「守中用中」之訣結合在一起運用的，也可以說「守住內門」是「守中用中」的一種延伸。

如果你的雙手能夠始終守住內門的話，除了可籍此屏護住身體上的大多數要害部位外，即使己方在發起攻擊時也會快捷許多，因為它亦基本上由中線直接發出，故同樣可節省時間與距離。格鬥講求的是瞬間的閃電般快速反應，因此，哪怕是僅僅快出幾分之一秒時間，都可能會搶先擊中對手並一擊制勝。

四、「四門」原理的運用

詠春拳給人最大的印象恐怕就是「招法快如閃電」及「手法之防護風雨而不透」了。那麼，如何才能做到手法的密集而有效地防護呢？這就需要來研究詠春拳之「擋四門」原理了，在這裏且簡稱為「四門」原理。

所謂的「四門」，也就是在身體的正面劃出一個四方

形的面積，然後再在此四方形面積內劃分為 4 塊面積均等的方形區域作為對方攻來時各種格擋法的依據（圖13，本圖為李小龍早年所繪）。此「四門」之標準是高不過眉、寬不過兩肩、低不過腿。具體施用標準如下：

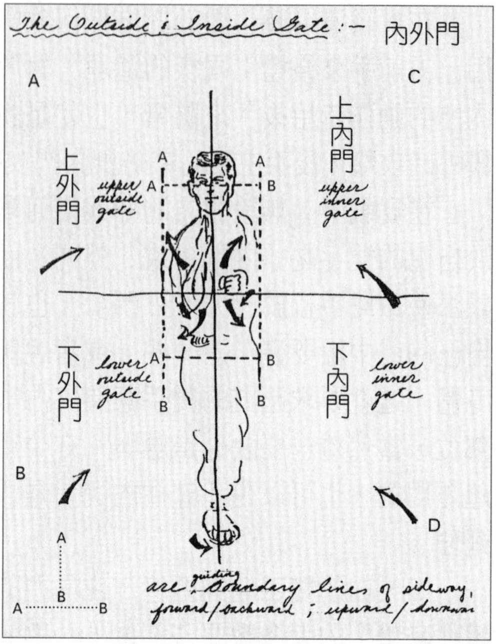

The Outside i Inside Gate:— 內外門

A　　　　　　　C

上外門　　upper outside gate　　　上內門　　upper inner gate

下外門　　lower outside gate　　　下內門　　lower inner gate

are guiding boundary lines of sideway, forward/backward; upward/downward

圖13

（一）前手的上半側為「高外側門」：該處主要用來防禦攻向己方頭部右側的打擊動作，而且無論對方用何種動作（包括拳或掌）向此處攻來時，我方都可用前手迅速將之擋至外側（圖14、15）。

（二）後手的上半側為「高內側門」：該處主要用來防禦敵方攻向己方頭部左側的打擊動作，而且無論對方用何種動作向此處攻來，我方都可用後手迅速將之擋至外（左）側（圖16、17），或擋向右側（圖18、19）。記住，此時須一手防禦另一手迅即攻擊，亦即做到「攻守合一」。在手部格擋的同時，身體儘量不要有左右的擺動動作，以免影響自己的重心平衡。

圖 14

圖 15

圖 16

圖 17

圖 18

圖 19

（三）前手的下半側為「低外側門」：主要用前手之外腕部來做短促快速的格擋動作，也就是用來防禦對方攻向己方右肋、右腰等右側要害處的打擊動作（圖20、21、22），例如可用來防禦對方的低位拳法或快速踢擊動作。

（四）後手的下半側為「低內側門」：主要用來防禦對方攻向己方身體左側要害處的攻擊（圖23），例如用來格擋其低位拳法或是中位踢法等，擋觸的部位仍然是外腕部（亦即腕骨之下鋒處）。在實戰中運用本動作時，應做

「雙手同步動作」，也就是左手擋出的同時，右手亦果斷出擊並準確擊中了對手（圖24）。

　　另外，由上述防禦動作還派生出了以下較為實用的防護技巧：

　　1.低外側後手擋（圖25），用左手向右下方去拍擋對方攻來的低位攻擊，同時用前進行反擊（圖26）。

　　2.低內側前手擋（圖27），用右手向左下方拍擋對方攻向己方低內側門的攻擊動作。此外，亦可將前手拍向左

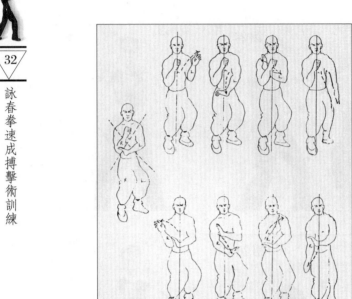

圖28

高內側門，或將左手左腳居前後，而將左手之上半側變成「高外側門」去練習。以上動作看起來繁瑣，但練習起來卻頗為簡單，兩天就可以掌握。詠春拳的整體的「四門原理」防禦技術圖，則如（圖28）所示，這是李小龍早年所手繪的標準手部格擋技術圖解。

五、「不動肘」原理的運用

在詠春拳中，「不動肘」主要是相對於防守而言，當然也並不是說在防禦或格擋敵方的攻擊之時己方肘部是完全不動的，而是肘部幾乎不動或者應盡量少動，僅用手或前臂的動作來完成防禦，以避免因己方手臂的過大防禦動

圖 29

33

第二章　詠春拳技擊原理解析

作而使自身更加暴露，因為我們都知道「擺樁法」或「戒備勢」是防護最嚴密的姿勢，你一旦發出攻擊或去做過大的防禦動作時，必會將你的手臂對自己的相應的要害部位的防護放開，從而遭到對手乘虛而入的突然打擊，所以說你的防守動作應

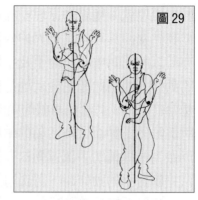

恰到好處，肘部儘量不要做幅度較大的動作。

　　當然「不動肘」最好能和詠春拳的其他要訣結合起來運用，例如和「四門」原理配合運用便可稱得上是完美結合（圖 29）；根據不動肘的原理，手臂及雙手的活動範圍以「上至眉毛、下至大腿水平線、左右以兩肩寬」為限度，在此標準內所構成的「四方形」內肘部當可發揮出最高效能。由李小龍的以上講解，我們可以具體得知「不動肘」將具有以下幾個方面的優點：

　　（一）以肘部為軸而用手臂去進行防禦。也就是，以肘關節為轉軸而用手臂去做恰到好處的防禦動作，這樣既可以避免自身動作過大，又可以手臂的精簡動作去迅速完成防禦動作。

　　（二）肘部不動本身就是對身體的最佳屏護。因為不動肘或肘部屈曲可用來有效地保護與封閉身體上的諸多要害部位，如肋、胸、腰等，同時手及手臂還可快速地去格擋對手的攻擊動作。

　　（三）肘部的「颱風眼」作用。詠春拳中的「不動

肘」原理就同颱風的原理一樣，它的風眼通常是靜止的，但其外圍卻具有極其強大的威力與破壞力，不動肘的原理亦即以肘部為中心，而手及手臂則可以做任何方向與角度的動作，並由此產生極大地打擊威力。在這裏，肘部幾乎是始終不動，肘部與身體的間隔差不多有 10 公分。當然，肘部雖然不動而做為活動的軸心，但卻不是僵化的，它可以做為一種輔助手部運動的有效裝置。例如手與腕一旦無法控制對手的動作時，肘部可以做為輔助力量來協助手或腕化解對手的勁道與壓力。

（四）肘部不動還可保持詠春拳獨有的「肘底勁」的優勢而使手部強勁有力地攻出。也就是攻擊時直接以肘部為動力並從「中線」上果斷攻出，用短促的「瞬間爆炸力」去重創對手或「洞穿」目標。當然，這種中線攻擊動作亦符合「守中用中」的要求。

六、「攻守合一」原理的運用

「功夫之王」李小龍潛心練習詠春拳整整 10 年（1954年～1964年），後來的「振藩功夫」及「截拳道」也仍以詠春拳為根本，那麼，李小龍為什麼這麼重視對詠春拳的修習呢？這實際上仍是由詠春拳的科學價值所決定的。

李小龍是個講求實際效率與注重效果的人，他決不會對無用的花招虛擲精力，相反他卻會對真正有用的東西苦練不綴。正如他自己所說：「我的打擊動作之所以快，原因之一是因為我合理運用了攻守合一的打法，故而會大提高打擊速度。」

別的拳派的動作打法都是先「一攻」再「一防」，或是先「一防」再「一攻」，也就是把一個完整的動作分成了兩步或者兩個節拍去做，故而動作自然會慢一半。詠春拳的打法則是「在防守的同時便進行反擊」（圖30），亦即將別的拳派兩個節拍才能做完的動作在一個節拍就可做完，用來節省一半的時間。你說李小龍的打擊能會不快嗎？

圖30

搏擊的取勝往往取決於關鍵性的「幾分之一秒」或是「幾十分之一秒」，所以哪怕是快一點點，你也會占得先機。也可以說詠春拳或截拳道一出手就具有攻與防兩種意義，也就是它們沒有單純的防守，也無單一的進攻，而是「攻中寓防，防中寓攻」。這樣一來，說是防護（反擊）卻又可同時擊中對手，說是進攻卻又閃開了對手的攻擊，總之，是攻中有防，防中寓攻，攻不離防，防不離攻，講求「攻守合一」與「消打合一」。

七、「長橋寸勁」原理的運用

我們都知道詠春拳是一種典型的近戰拳術，它提倡以短、快、脆、狠的動作於瞬間擊倒或重創對手。正因為它的動作短快，所以出招迅速突然，所用的時間極短，因此對手極難防禦。

你自己可以嘗試一下：一種是從 50 公分以外攻來的拳法，一種是從 20 公分外攻來的拳法，是不是前者更容易防守一些，因為它的運動規跡較長，所以，你有足夠的時間對此做出有效地反應，這樣一來，你就知道詠春拳運用「短小」或「短快」招術的秘密了吧！原來它是為了讓對手難以防禦而去專門設計的。

有人可能會問如果距離短，它發出的拳法之力道是不是就會相對小一些呢？之所以會有這個問題產生，是因為大家對詠春拳還不夠瞭解，因為武術中的勁力大體上可分為兩種：

一種是快速精彩的短勁，也就是發出前後時間短、速度快、穿透力極強的類似於壓縮的彈簧突然彈出時的勁力，這種勁起動的時間短及預動相當小，故對手極難發覺，也不容易防範；另一種則是以腰、腿、胯、肩節節相推順勢湧出的勁力，這種勁運行的距離較長，份量也很重，叫「長勁」。

不過，詠春拳所主張運用的是前面的那種「能入裏透內」的具有「震盪力」的極強的短勁，無論是截拳道一代宗師李小龍，還是在海外有數千家詠春分館的梁挺博士，都以超強的「寸勁拳」而著名。同時，在實戰中運用「寸勁」還有一大優點，那就是一旦攻擊落空時卻不易影響自身的重心平衡。

第三章

詠春拳速成教程

第一課　「二字箝羊馬」練習

　　二字箝羊馬是詠春拳中特有的代表動作，有些支流稱之為「二字鉗羊馬」、「二字鉗陽馬」或「正身馬」，這是詠春拳中最基本的練習動作。當然這也是一種使自身可處於極為穩固的狀態的姿勢。

　　練習時，全身放鬆，自然站立（圖31），雙手握拳向上收於腋下（胸側），其高度基本上與兩乳成一水平線（圖32）；隨後，將兩膝微微彎曲，而使重心略為下沉

圖31

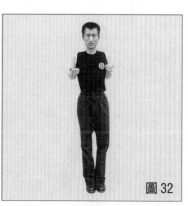

圖32

圖33

圖34

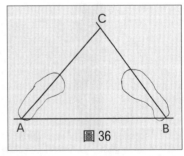

圖36

圖35

（圖33）；接下來，再以兩腳跟為軸心，而使兩腳的前掌同時向外轉出，而且轉動的幅度應幾近使兩腳外展成一直線（圖34）；然後，再以兩前腳掌為軸心，而將兩腳後跟同時向外轉出（圖35），使兩腳尖相對並且與腳後跟向後所成角度成「等邊三角形」（圖36）。到這時，就完成了詠春拳「二字箝羊馬」的全部動作。

根據要求，二字箝羊馬的間距為一腳半，也有些流派是與肩同寬，當然這些不同的要求都有不同的優點，

因為兩腳的間距略寬時，雖然更加穩固，不過卻在靈活性上就差一點；如果兩腳的距離略窄時，雖然在移動速度與靈活性上略占一些優勢，不過卻欠缺一些穩固性，總之，兩腳的間距不得超過肩寬。當然，以「等邊三角形」的步位站立時，人體將處於最穩固的狀態，且兩腳極易根據對手的情況而進行靈活變化。

以「二字箝羊馬」站立時，兩膝應有一種向內「箝」（鉗）的力量，俗稱「箝膝力」，當然也有些流派不講求「箝膝」，而只要求兩膝微屈即可。

在葉問老宗師傳下來的詠春拳中，之所以要求「箝膝」，一是為了便於更好的保護襠部（據說詠春之「二字箝羊馬」源自南少林中的「護襠馬」）；二是為了使下盤更加穩固。而且之所以稱為「箝羊」，意寓為仿似騎在一隻羊身上，要想不讓羊跑掉就需用兩膝關節箝緊羊身，看來這種說法也有一定的道理。

事實上，當我們初騎於任何一種動物背上時（如馬、牛），為了坐得更穩，都會很自然地用兩腿向裏箝緊馬身或牛身。如此說來，當初五枚創立這門拳學時，煞是費了一番苦心。當然，我們也不要斷章取義，看到這裏有「羊、馬、牛」出現，就去說什麼「有人亂說騎於羊背上」，因為我的本意不過是由舉例來讓你更加明瞭詠春拳的動作結構特點。

傳說當年嚴詠春嫁給梁博儔之時，曾給丈夫出了一個小小的難題，她將兩膝箝緊而讓梁博儔去扳開，結果梁博儔耗了九牛二虎之力也無法扳開。原來久練「二字箝羊馬」的嚴詠春之「箝膝功夫」已相當厲害。而且無獨有

圖37

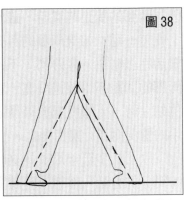

圖38

偶，當年葉問宗師尚在佛山打天下時，亦曾以「二字箝羊馬」站好，而讓四個大漢分成兩組，即一邊兩個去分別由兩側抱住他的腿看能不能扳開或拖動，但任憑此四個人累得一身大汗，就是無法扳動葉師分毫，看來葉師的「箝膝功」亦已達到登峰造極之狀態。

而根據力學分析，既然腳下的角度成「等邊三角形」時最為穩固，那麼，以二字箝羊馬站立時，兩膝與兩腳的角度又呈一個「等邊三角形」（圖37、38），如此一來，以箝膝力站立時可使身體（下盤）極為穩固也就不難理解了。

其實，只要你仔細看一下同樣是「下寬上窄」的法國著名的巴黎艾菲爾鐵塔時就會發現，作為世界建築史上典範作品的艾菲爾鐵塔，它的整體形狀同詠春拳的二字箝羊馬之站法有異曲同工之妙，當然此兩者也都極為穩固。

以二字箝羊馬站立時，由頭至腳的位置應自然成一直線，同時應氣沉丹田。頭部的角度不得後仰也不得前傾過多，否則一是會破壞身體的自然平衡姿勢，二是若頭部過

度前傾時還容易遭到對手的打擊。

眼睛則須盯緊對手的眼睛（因為眼睛是心靈的窗戶），同時需用餘光盯住其全身。上面已經分別講了「二字箝羊馬」的腳、膝、身體與頭部的姿勢、位置及角度，那麼，作為主要攻防武器的兩手又是如何擺放的呢？接下來，請學習第二課。

第二課　　「擺樁」練習

詠春拳向以樁馬穩健、靈活、機變而著稱，而「二字箝羊馬」又是詠春拳所有樁馬中的基礎，故需勤加練習。但是，二字箝羊馬雖然重要，卻不能完全憑此去搏擊，原因它欠缺足夠的靈活性，而靈活與機動又是格鬥之魂。雖然有些拳派也是將拳收於腰際再攻出，但那不是詠春拳的風格。因為如果用於搏擊，詠春拳有它更為科學而實用的動作與姿勢——擺樁（STANCES）。

李小龍後來在創立截拳道時，將原來詠春拳中的「擺樁」換成了「警戒樁」或「戒備勢」，但它們之間的原理卻是大同小異的。

在截拳道中，戒備勢被稱為是「截拳道之錨」；但在詠春拳中，「擺柱」則被譽為「火車之頭」，因為一系列的攻防（進退）動作均由它而起（在美國出版的一本詠春教科書中，「擺樁」則被稱為是格鬥的「火花塞」）。至此，你就應該明白「擺樁法」的重要性了吧！

在詠春拳中，「擺樁」通常有以下三種形式，現分別詳解如下：

圖 39

圖 40

1.正身樁手（NEUTRAL STANCE）

在「二字箝羊馬」的基礎上，雙手向前平伸出去（圖39），若左手居前時，則稱之為「左正身樁手」，其側面示範則如（圖40）所示。而且由於這時左手居前，所以左手叫「前鋒手」，也叫「問手」，主要用於試探、阻截、迎擊，有時候也可用於「搶攻」；處於後面的手則叫「後衛手」，也叫「護手」，主要用於防禦。當然，這前後兩手都始終是處於自己的「中線」上的（亦即「守中用中」）。

如果右手居前時，則稱之為「右正身樁手」（圖41），此姿勢也同樣要求兩手應守護「中線」及「身體中正」，用眼睛盯緊對手眼睛。

圖 41

有人可能會問，詠春拳的「正身樁手」在對敵時是不是暴露出來的正面要害部會過多呢？我的答覆是，你不用擔心，因為詠春拳本身就是一門防護極為嚴密也相當好的拳學，它根本不怕對手攻來，它就「怕」對手不出手攻來。只要他一出手攻來，我方的前手便有機會去反擊他。

正因為如此，詠春拳甚至可以由正身而去同對手進行看似極為危險的「埋身搏擊」，因為詠春拳已經習慣與適應了近身的或面對面的劇烈搏擊。此外，通常情況下初級水準的詠春拳練習者大都以側身樁對敵，而高級拳手則似乎對正身搏擊的技術運用要嫻熟很多。當然你還不要忘記了詠春拳還有「轉馬」、「卸力」練習及「側身樁手」的高效運用，因為學詠春或任何一門拳術時，你都是應做到「死學活用」。

2.側身樁手（NEUTRAL SIDE STANCE）

在「正身樁手」的基礎上，以兩腳跟為軸而使兩前腳掌同時向右轉動，同時身體亦迅速右轉，而變成側身對敵的姿勢（圖 42）此為「左側身樁手」；如果你再向左側轉體 180 度，就變成了「右側身樁手」（圖 43），當然此時也已換成了右手在前。至於兩腳的角度則變成了 45 度（圖 44），身體亦隨之變成了 45 度對敵的姿

圖 42

圖43

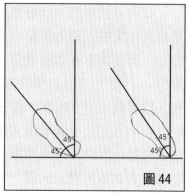

圖44

勢。不過，你也可根據對手的攻勢之實際情況而將身體變成 60 度對敵或 80 度對敵，而不必拘泥於僅僅是 45 度對敵。但無論下體怎麼變化，上肢應基本上保持「中線對敵」，以防備對手的突然進攻或隨時發起攻擊。

當由「右正身樁手」變成「右側身樁」時，兩腳應轉向右方，雙手亦應始終保持在中線對敵狀態，因為一旦放棄了對「中門」的防護，對手必會趁虛而入，這實際上就是為對手打開了方便之門，後果將不堪設想。同樣的道理，一旦對手疏於對中線的防護時，我方亦應果斷進行迅速有效的攻擊，以便出奇制勝。

無論是「左側身樁」還是「右側身樁」，你的前腳都不應負擔過多的重量，以免影響身體轉動時的速度與靈活性；不過，前腳仍需踏牢地面以便協助後腳維持身體平衡。有些詠春拳師則強調前腳不得承擔任何重量，以免影響起腳速度與靈活性，但這樣一來由於後腳長久負擔了過多的重量，則勢必又會導致過早的疲勞。但更多的流派要求是「前四後六」、「前三後七」或「重心平均分佈於兩

腳上」，因這樣在轉動時略為靈活一些，並由於兩腳各分擔了一定的重量，所以下肢便不會過度疲勞。

3.前鋒樁手（FRONT STANCE）

有很多人說是李小龍在詠春拳的基礎上創立了「前鋒樁」，但事實上並不是這樣的，因為在李小龍之前詠春拳中早已經有這種技術了，不過是李小龍對其進行了改進與提升而已。

練習時，兩腳前後箝羊馬站立，重心大部會落於後腳上，兩手始終佔據自己的「中線」（圖45），這是「右前鋒樁」，（圖46）為右前鋒樁的側面示範。當己方的左手與左腳據前時，則稱之為「左前鋒樁」（圖47），其側面示範則如（圖

圖45

圖46

圖47

48）所示。但無論是「左前鋒樁」還是「右前鋒樁」，己方前腳都不得承擔過多的重量，有些詠春拳老師要求則是重心落於兩腳之間，即兩腳各承擔 50% 的重量，但是，在這種情況下要起任何一腳去攻擊時，都必須先將一腳上的重量轉移到另一腳上才能起腿，這樣一來就影響了自己的攻擊速度，且前後交換重心時還會導致上體起伏與波動太大，從而會被對手察覺。

有些詠春流派則要求是前腳不承擔任何重量，這樣雖然起腳攻擊或截擊時在速度上略快一點，但後腳卻容易疲勞。看來前腳還是要適當承擔一些重量的，這是由格鬥的現實所決定了的。

圖 48

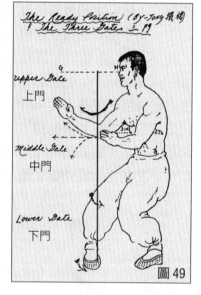

圖 49

（圖 49）為李小龍早年手繪的詠春拳的「右前鋒樁」；從圖中可以看到重心大多落於後腳上。（圖 50）為李小龍早期（香港讀書時期）示範的傳統的「右前鋒樁」，從樁中可以看到那時他尚未對詠春拳進行革新，而且重心亦壓於後腿大多。

圖 50

圖 51

在這裏可能有些讀者還會問「從擺樁的圖示中似乎可以看到有些上重下輕的感覺，不知是不是真的」？其實有這種想法也屬於正常，因為他們可能對擺樁中的力學原理的理解尚不夠深刻。

下面我可以透過繪圖與照片來向你詮釋，在（圖

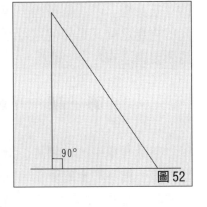

90°

圖 52

51）中可以看到己方頭部幾乎與自己的腳在一條上下垂直線上，其實它們就是在一條垂直線上，這樣己方的頭部便可遠離對手的有效打擊範圍，相對來說便已安全許多。如果把前面的腳同身後的垂直線連起來，便變成了一個「直角三角形」（圖 52），我們知道直角三角形相對來說是較為穩固的。詠春拳之所以稱為最科學的拳術，是因為它有科學的原理來解釋自己。

本課主要講了如何由「二字箝羊馬」轉換成更加實用

圖 53

圖 54

的「正身樁」、「側身樁」與「前鋒樁」，那麼，這些不同的樁馬之間又是如何進行互換與轉換的呢？這就是第三課所要講述的內容：轉馬。

第三課 「轉馬」練習

在詠春拳中，「轉馬」既是一種巧妙的步法變化，同時亦是一種身形上的變化。在這裏，我所要聲明的是，轉馬並非一種單一的動作技巧，它是一個快速變化著的「流動著的技巧」，它是一個動作過程。其主要作用是由「轉馬」來巧妙的卸掉敵方由正面攻來時的巨大力量，由於它在詠春拳的實戰中運用的極為廣泛，所以可以說「不懂轉馬的人就不懂詠春拳」。

所謂「轉馬」，就是由「二字箝羊馬」的正身馬轉變為「側身箝羊馬」的側身馬（圖53、54）；或再由「側身馬」轉變回「正身馬」（圖55）；然後再練習另一側的「側身馬」及其轉回方法（圖56）。

圖55

圖56

在實戰中，當對手由正面猛衝過來時，別的拳派都是用手臂去硬碰硬的格擋，在這種情況下你可能會擋開對手的猛力一擊，但你能保證擋開對手重拳的連續打擊嗎？你即使能擋開對手的所有攻擊動作，那麼，相信他在猛烈衝擊時的慣性力量亦早已把你衝撞的亂了陣腳或失去重心了。換言之，你的蠻力格擋或許會擋開對手的重擊，但是，你對此卻要付出一定的代價。而且現實中的劇烈打鬥跟師兄弟間的「對拆」又有極大的差別，或者說是截然不同的兩回事，也就是說真實打鬥時對手根本不會輕描淡寫的去打，因此你必須去全力格擋。

面對上述情況，詠春拳有自己更為巧妙的卸力或防禦方法，當然它仍然是用手去格架敵方攻擊之手，不過不是硬擋，而是順勢格擋或是順勢捋化。此時敵方的衝擊力量也可能會由雙方互相接觸的手傳到我方身上一部分，但是我方在上肢進行格擋的同時下盤早已進行了變化，也就是把由上肢格擋後仍剩餘的力量透過「轉馬」傳到了地面上（此種情形就好像避雷針所起的作用差不多），也可以說

圖57

圖58

圖59

我方現在是以地面作為強大的後盾的,上述這一過程就是由「正身樁手」變為「側身樁手」的實戰運用過程。

當然,我方在轉馬避敵正面鋒芒的同時,前手亦早已及時出擊而準確的擊中了對手(圖57、58、59)。記住,當轉馬至側身狀態時,身體重心差不多大多數是壓於後面的腿上。不過,此時前腳仍須踏穩以協助後腳維持身體的重心平衡。

李小龍在早期教學中對「轉馬」的舉例解釋是:在西班牙的鬥牛場上,鬥牛士是以抖動手中的紅布來吸引牛的注意力,當蠻牛被吸引而迎面猛衝過來時,鬥牛士早已迅速閃身向側面避開,他只是引導蠻牛衝向手中的紅布而已。

那麼,鬥牛士的閃身過程是否與詠春拳中的「轉馬」

圖60

圖61

有相通之處呢？答案應該是不言而喻的。講到這裏，你也應該明白「轉馬」的真義了吧！

　　當然具體在實戰中實施時，你還需知道你的轉馬之幅度只需恰好使敵方攻來的拳由己方的身旁掠過即可，亦即應避免將防禦動作做得過大，這樣一來，一是不利於控制自己的重心，二是自身不利於發起攻擊，所以說，你的所有動作只需恰到好處即可。

　　在本流派的詠春拳格鬥技術中，轉馬時以兩腳保持45度角為最佳；即使對手仍繼續衝來，而使我方不得不將腳下角度變成90度時，但雙腳卻仍可保持45度角的最佳穩定狀態。切記，轉馬時並非以上身帶動下肢去轉動，因為在這種情況下，一旦上身停止轉動的時候，其慣性衝力仍會帶動下肢進行轉動，這樣一來便會出現樁馬不穩的現象。

　　上述的所有內容為「正身樁」轉變為「側身樁」的過程，那麼如何由「正身樁」變成「前鋒樁」呢？這一動作雖然極為簡單，但卻很實用。當對手繞著我方轉動時（圖60，61），我方可「以不變應萬變」自然以「轉馬」去應對

（圖 62），也就是無論對手怎樣游走與換位，我方應始終以雙手去對正敵方的「中線」。

在實戰對抗中，「正身樁」轉換為「側身樁」用得要多一些，但卻需要你經過不懈的練習才能真正掌握它，你根本不用指望半小時

圖 62

內成為「轉馬」好手，因為轉馬雖然容易學會，但要想運用自如卻非易事，原因是在「會」與「自如」之間畢竟還有一定的差距。一分耕耘一分收穫，你在轉馬練習上練得越多便越熟練，在實戰中便不致於手忙腳亂，當然最好是能達到「本能狀態」為止。

在具體運用中，你根本不用怕對手會擊中自己，因為我方的雙手仍是兩道犀利的鋒線與防線，況且無論對方的拳頭有多重以及有多快，我方都早已在對方拳頭攻到之前轉馬走開了，而不是去同對方硬打硬拼而打個兩敗俱傷，這種情況雖在其他拳派中常見，但這卻不是詠春拳的風格。在軍事對抗中或戰爭中有句話叫「殺敵三千，自殺八百」，也就是說交戰雙方都會有傷亡的，但詠春拳卻超越了這一極限，原因是它已由一個精巧的「轉馬」動作迅速移到了敵方的「盲區」中去了，這種「盲區」在軍事中又叫「死角」，也就是你的槍炮威力再大再厲害也有打不到的角度，這個特殊的「角度」就是「盲區」或「死角」。

請記住，武術是戰爭的產物，它具有戰爭的特性，更

圖63

圖64

圖65

圖66

是戰爭的一個縮影，戰爭中的戰略與戰術變化對提高武術的格鬥水準是極為有益的。

　　關於「轉馬」的練習其實在詠春拳的第二個套路「尋橋」中便有專門性的練習，下面我們來看一下：我方先由雙手向前插出的「標指」開始（圖63），然後以右腳跟為軸向左側轉體（圖64）；接下來再轉回正面（圖65），並繼續以左腳跟為軸向右方進行旋轉，完成向右的轉馬動作（圖66）。此連續動作可反覆進行練習，並一定可使你獲

圖 67

圖 68

益匪淺。

　　前面幾課主要講了如何「開馬」及如何「擺樁」，以及如何將各種樁法在原地根據對手的實際攻擊狀況進行變化。但是，武術是一種動態中的格鬥運動與「戰鬥著的哲學」，故詠春拳雖然有「拳打臥牛之地」之說，但這是相對而言的。事實上，絕大多數的格鬥過程都是在運動中進行的，當然這又牽涉到一個新的課題：如何利用有效的步法去搏擊。

第四課　　「子午步箭馬」練習

　　在講解「步箭馬」的動作要領和練法之前，在這裏首先澄清一件事：那就是詠春拳並非「有手無腳」，因為大多數外人對詠春拳的真正理解太少，僅僅限於其凌厲、兇狠的如機槍般快速連擊的拳法上（圖67、68、69、70），而對其獨特而實用的步法卻知之甚少，這一方面是拳法的鋒頭蓋過了其腳法；另一方面是由於歷代詠春拳前輩太保

圖69　　　　　　　　圖70

守所致，也就是很多詠春拳先輩都極少講及步法，而只向一些嫡傳弟子秘傳此等法度。當然即使偶有透露，也僅僅是一鱗半爪，很難知道詠春拳下盤功夫的精奧之處。也難怪，古時候武人就靠此拳藝吃飯，不輕易教絕招也在情理之中。

　　如今社會開明，且欲將國術推向全球以讓外國人認識中華民族傳統文化的博大精深，所以，再將絕學壓在箱底已不合時宜。也正因為如此，下盤功夫本來被列為詠春拳中的高級課程，但在本書中，卻將之列為最基礎的課程，以便讓讀者有更多的時間去練習。「步不快，則拳慢。」步法是一切格鬥活動的基礎，故應該「未習拳先習步」。

　　詠春拳中最基本也是最實用的一種攻擊性步法叫「子午步箭馬」，簡稱「步箭馬」。所謂「子午」通常指人體的中線所在，而「步箭馬」則是一種「側身如箭般快速而敏捷的前衝步法」，結合起來說就是「一種側身以減少被敵方打擊面積並迅速插入敵方中門的攻擊性步法」。

　　我們知道「中門」與「中線」都是人體的重心所在，

圖 71

圖 72

　　那麼，這種快速插入敵方中門的步法，也就是一種可迅速破壞敵方重心的步法，所以說此種犀利的步法本身便是一件極為銳利的武器。

　　由於步箭馬前衝的慣性極大，故很容易將對手衝撞得失去重心平衡。相對於對手來說，他賴以維持平衡的關鍵便是其雙腳，而「步箭馬」便是專門用來破壞對手的下盤支撐力的（拔對方根節），當然上肢亦須同時配合有效的打擊動作去創擊對手，也就是說一旦向前衝進，就必須手足齊動而用整體的衝撞力與攻擊力去重擊對手，或者說一旦要進，須全身整體俱進而無絲毫抽扯遊移之分散攻擊力的現象出現。從而上下內外，頭手身足，全力赴進，一言其進，不可有一處不進；一言其起，不可有一處不起；一言其落，不可有一處不落。總之要使全體一貫，相合為一，方為之「真進」，正所謂「起要快，衝要猛，踏要實，腳手齊到方為真」。

　　「步箭馬」在練習時，多由前鋒樁開始做動作（圖71），因為詠春拳中的大多數攻擊行動都是由前鋒樁發起；先將前腳向前上方迅速提起（圖72），然後向正前方

圖73

圖74

踏下去（踏進去），這時上身仍需保持良好的戒備（圖
73）；同時應立即利用前腳踏在地面上的力度作為支點，
而疾將後腳及整個身體同時「扯」前（圖74），恢復原來
的前鋒樁姿勢。需要一提的是，詠春拳中的「步箭馬」同
西洋拳擊中的「前滑步」動作順序是一樣的，同樣都是先
上前腳，然後再跟進後腳，不同的是詠春拳步法之後腳跟
（扯）進動作可由此產生一股強大的整體的向前的衝撞
力，而不似西洋拳般只是把力量集中在兩隻拳頭上。

　　上述「步箭馬」的運動過程是以一步前踏而同時將兩
腳前移，它是利用大地做為支撐與反彈力量來加快自身前
衝進步的速度。當然，在後腳移前之後應迅速將重心轉換
回後腳，以便於前腳再次迅速前踏攻進，因為如果始終把
重心大多壓於前腳上的話，想再次前進步時則勢必會影響
到速度。

　　另外，在「步箭馬」衝進的過程中，無論是進前腳或
是後腳，己方都應踏牢（踏穩）地面，以保持良好的重心
平衡，如果你的兩腳始終是踏穩的話，無論對手怎樣牽化

也不影響到你的重心之平衡（圖75），所以，你一定要養成一種進步時「落地生根」的良好習慣。

練習「步箭馬」時還要做到的很關鍵的一點是：前腳踏地後要充分利用兩膝關節原有的「箝膝力」而將後腳迅速扯動移前。此種情形就似在兩膝（腿）上綁上了一條有彈性的皮條一般（圖76、77），當你的兩腿把這個皮條扯到了其彈性的最大極限時，它是不是會產生一種將你的兩腿向中間拉回的感覺？而這時你的前腳早已經中踏入到敵方的中門而不動，要動的只是後腳迅速「扯」前了！至此，你應該明白「箝膝力」在實戰中的高度技巧性與重要性了吧。

圖75

「步箭馬」的施用原則是當進則進，要鼓其氣而彈其身，並勇往直前。同時還需有猶如蟄龍升天之威勢，

圖76

圖77

以及有沖天之雄渾和抖擻之勁力，一句話「腳踏中門占中央，就是神仙也難防」。因為在你腳踏敵方中門而逼住對手的同時，上肢早已發出了一陣如機槍掃射般的連環重拳快速猛擊，這一下肯定能擊倒對手！

所謂「換馬」練習，實際上指的就是「上馬」及「退馬」的互換練習，它是詠春拳步法中的一種活用方法。有人說詠春拳無步法，那是因為他根本不瞭解詠春拳的真諦；或者說詠春拳的步法在精妙程度上與別的拳派相比是猶過之而無不及。當然這是因為歷代詠春先輩注重實踐，而將此等技術演變到了相當精巧、實用的境地而已。請記住，一個拙於步法的拳手也必拙於拳法，正如李小龍所說：「一個人的武藝之高低全在其步法之運用上。」或者說快速與夠勁的出拳或踢腿，取決是否處於良好的平衡與快速的移動上。

第五課 「換馬」（上馬及退馬）練習

詠春拳的「上馬及退馬」練習基本上是由正身馬變成側身馬，也就是由「正身樁」換成「前鋒樁」的過程，同時還是一種迅速前衝攻擊的步法，當然它亦包含了「步箭馬」的優點，即利用前腳踏地的反作用力迅速將後腳「扯」前。

具體練習是，先以正身樁站好（圖78），先將右腳收到左腳內側（圖79）；隨後再迅速向前滑進去而直入對方的中門（圖80）；接下來，在前腳踏穩的同時立即跟進左腳（圖81），變成正常的前鋒樁，此時也就完成了「上馬」的動作；然後是進行「退馬」的練習，方法是先將前

圖78

圖79

圖80

圖81

腳迅速按原路線往回撤步
（圖82），並一直撤至原
來起腳的站立位置（圖
83）；最後再迅速將左腳向
後撤回至原先的位置（圖
84），從而迅速完成一個向
後避開對手攻擊的動作。

　　上述這個步法動作就完

圖82

圖83　　　　　　　　　　　　　　　圖84

成了攻防兩個練習動作的轉換，當然它需要你進行不懈的練習才能漸漸趨於熟練，每天去完成幾個「數百次的移動練習」吧！直到能達到自動化的定型狀態為止。「記住，要練習快速度，就必須做到一次快過一次，我不相信哪個人在跑道上慢慢走幾圈便會成為長跑冠軍」（李小龍）。

在整個「進馬」及「退馬」的過程中，重心應儘量處於後腳（當然這也不是絕對的），以保證進退的快速度與重心上的靈活轉化及平衡。至於前進時的步幅雖說儘量不得超過肩寬的長度，但也要根據實際情況去靈活掌握，因為對手都退到半米以外了，你不可能只上步30公分，要知道在格鬥中距離感是相當重要的，即使是一個小小的距離差錯與失誤，也能使一次重擊變得無關痛癢。

此外，你還須做到「應搶在對手達到理想距離之前去及時、果斷地出拳攻擊」，而不是在那之後。

前面已經說過，「進」則當機立斷，避免優柔寡斷。如果己方之「進」無法令對手失重，或是沒有被己方控制的情況下進攻，則稱之為「冒進」；至於「退」，應在對

手之攻擊未發出全力之時，以便己方能「領而化之」，或退而擊之，因為一旦被對手封住或黏死的話，則己方非功深不能化解。所以能否做到「進」的適時，「退」的得法，全在平時之不懈練

圖 85

習。如此方能心領神會，並得之於心而應之於體。

第六課 「日字沖拳」練習

從第四課開始，我們便已著手講解詠春拳的攻擊性技術，並已介紹到「上欲動下必為領，下欲動而上為領」，也就是一旦發起進攻便需全身上下俱進而全身整體無一不進，這就需要在步法嫻熟的基礎上配合以凌厲的拳法進行攻擊。但欲詳解詠春拳之兇狠、實用及科學的拳法技術，請看第六課中的講解。

日字沖拳（STRAIGHT PUNCH）是詠春拳中最重要的拳法，也是實戰中運用頻率最高的拳法，堪稱詠春拳攻擊技法中之「中堅骨幹」拳法（圖 85），它亦是詠春拳中攻擊速度最快最迅捷的拳法，而且出拳時對身體原姿勢的變動最小；同樣的道理，對身體重心平衡的改變亦最小，並由於它的出擊符合了「兩點之間直線距離最短」的科學原理，故而打擊的準確性極佳，突發性亦極強，所以對手極難防範。

「日字沖拳」的出拳方式與一般的傳統的中國武術中之

出拳方式有著極大的區別：

圖 86

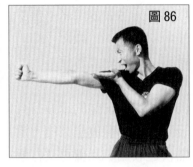

第一、出拳前，手絕不是置於腰部，更絕非是由己方腰部出拳（因為這樣就平白增多了許多無謂的攻擊距離），以免增長攻擊時間。

第二、打擊時大多由前手發出攻擊，以增大攻擊的突發效果與提高打擊命中率，因為前手距離對手最近，故對手相對來說較難防範。

第三、出拳時身體及手臂絕不可僵硬，以免影響打擊速度和「瞬間爆炸力」的發揮；換言之，只有在拳頭擊中目標前的瞬間才可將全身的整體勁力集中於一點發出，從而打對手一個「措手不及」並有效的打出強勁的具有「穿透力」與「震盪力」的重拳來。

第四、當果斷打出日字沖拳時，肩膀切勿向前推送，也就是說上體應保持「中正不動」的形態。甚至說肩部，還應在拳發出的瞬間有一個略往回「一搐」的動作，以便使拳頭產生一種強大的「震盪力」（詠春拳中著名的「寸勁」或者「寸拳」便是在此基礎上發出），其中的道理就如將手中的皮鞭猛力抽出時「手腕部突然猛力一抖」的原理一樣；記住，抽皮鞭時若沒有這一「抖腕」的動作的話，打擊的力道與效果會差很多，你自己嘗試一下後便知道。

第五、出拳打擊時應將手臂儘量打直，以便將勁力毫無保留地發放出去（圖 86）。將手臂打直的另一優點是可以避免「力蓄而不能放」的弊端，因為勤練功夫的目的就是將平時所學盡數發揮於實戰，如果在實戰時無法將應有

的勁力完全發放出來，那麼平時就白練了。謹記，你的拳頭「打得愈直愈佳」，因為愈直便愈具有「穿透力」，當然當你的拳頭打直及勁力盡數發放出來後，還需快速收回，以備再次打擊或防備對手的反擊動作。

圖87

第六、拳需一定由「中線」果斷打出，並記住應由原路線迅速收回，亦即保持「守中用中」之要訣（圖87）。用李小龍的原話來說就是「出拳時，應由自己的鼻子的正前方迅即打出（以自己的鼻子作為基準線向前衝擊），出拳並非由肩部而發，而是由身體的中心（線）而發，而鼻子恰恰位於身體中心線上」，而詠春拳的秘傳訣要是「發拳肘在中」。如果你的日字沖拳做到上述六點要求與要訣，那麼，你的日字沖拳亦已幾近達到了完美狀態。

1.基礎練習

日字沖拳的基礎練習的重點是讓你體會如何由「中線」準確出拳。練習時可由詠春拳之「二字箝羊馬」開始（圖88），拳邊往前打出邊移向「中心線」或是先把拳移至「中線」（圖89），然後再徑直向正前方直線打出（圖90）。記住，你的拳愈直愈佳，而且出拳時身體不得隨出拳而前後或左右搖擺，以免影響出拳的準確度與勁力的「滲透效果」。（圖91、92、93）為李小龍當年的詠春拳

圖 88

圖 89

圖 90

圖 91

圖 92

圖 93

圖94

圖95

高足嚴鏡海所示範的日字沖拳的「中線出擊」練習。值得一提的是,在李小龍的所有詠春拳弟子中,最終能被葉問宗師認可的也只有嚴鏡海一人。

2.雙手配合練習

練習時,己方以前鋒椿

圖96

站立(圖94),在右拳迅速向正前方徑直打出的同時左手(後護手)亦已開始向前方移動(圖95);在右拳向前打直而將勁力全部發放出來的同時,左手亦應根據實際情況做出了各種有效的防禦動作(圖96),也就是做「攻中有防,防中寓攻」。

在這裏,左手防禦的動作有很多,例如拍手防禦、攤手防禦、括手防禦、耕手防禦等等,後面將逐一介紹到。(圖97、98、99)為側面示範的左手日字沖拳打擊,從圖

圖 97

圖 98

圖 99

圖 100

中可以看到己方右手已進行了良好的防護。

3.實戰運用

在實戰搏擊中，日字沖拳主要用來準確地打擊對手的
下巴、面門（圖 100）、心窩（圖 101）及軟肋（圖 102）
等致命要害處，以求「一招制敵」的效果。記住，無論是
高位打擊對手面部或低位打擊心窩，你的拳法都應放鬆而
迅捷地打出，而切勿使肌肉與關節僵硬以免影響速度的發

揮。

　　正如李小龍所說：「試
看任何優秀的格鬥家，即使
他在做最費力的動作時的表
現，他亦是極為自然且流暢
的。反觀一個新手，因他精
神與動作均過於緊張。以及
由於無謂的過度的用力所產
生的拙態卻是顯而易見

的。」過度的肌肉緊張不僅影響了你的打擊速度，而且還
增加了肌肉能量的消耗，如此可造成自身過早的疲勞。

4.實戰發揮

　　我方以前鋒樁對敵（圖103），在對方右拳攻至己方
體前的瞬間，我方應速用左手小幅度輕快地外擋敵方腕部
內側進行有效地防禦，同時右拳則早已不失時機地準確地
重重擊中了敵方的面門這一致命要害處（圖104），擊敵

圖 104

圖 105

以措手不及。謹記，己方的
右拳需猛打快收，並由「中
線」制敵。在（圖105）
中，己方的右臂雖與敵前臂
交叉，但己方右拳仍由「中
線」出擊並準確擊中了敵方

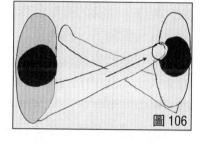

圖 106

面部致命要害處，這是在劇烈打鬥中的真實寫照。其剖面
示範則如（圖106）所示。

「有一點甚為重要，在出拳前切勿有任何預動，例如
先將拳拉回再攻出等；此外，還需做到能由任何姿勢、任
何角度、任何位置出拳，以增加對手防禦上的難度。最重
要的一點，是需做到攻防同步，也就是一出手就具有攻防
兩種意義，或者說一拳攻出時另一手需同時進行良好的防
護。」（李小龍）

充分地放鬆，才能保證既快又狠及順暢的出拳。

前手出拳時，儘量放鬆與自然；只有在擊中目標前的
瞬間才可緊張肌肉，握緊拳頭，將力全部於一瞬間突然發

圖 107

圖 108

出。記住，所有的打擊動作（左、右、高、低）都必須能深深貫入到對方「體內三寸」，而非點到即止或將力量作用在對方軀體表面。關鍵的一點，己方的拳一定要由「中線」打出（圖 107、108），也就是一定要牢記「攻守搶中線，集中於中央突破」之訣。

在本課中只講解了「日字沖拳」的徒手技術練習，雖然這種不間斷的練習亦可用來增加打擊速度與力量，但卻沒有有關專項練習的效果好。李小龍通常利用手持重物進行擊打來獲得真正的格鬥所必須的快速打擊力與閃電般的打擊速度，這就是下一課所主要講授的內容。

第七課　「負重沖拳」練習

在古傳詠春拳中，都是手臂戴數個鐵環進行功力訓練，也就是用鋼筋焊製（打造）一些直徑略粗於手臂的圓環，然後套在手臂上進行各種手法練習，當然其中亦包括進行「日字沖拳」練習。用來練習手臂的耐久力、速度與

瞬間的爆發力，因為現在雖是持物進行沖擊練習，但仍需按前面第六課中所講的要領去進行嚴格、細心的練習。

不過，在今天的城市生活中，打造一定數量的小鐵環亦非易事，好在凡事都有解決的方法，因為你可以找一個小啞鈴來代替，而且在一般的體育用品商店中都能買到這種小型啞鈴；如果真買不到這種啞鈴時，隨便找一根小鐵棍也可以替代，並且練習效果絕不會差。因為在李小龍所著的標準截拳道教科書《李小龍技擊法》中，便專門介紹有「手持短鐵棒進行打擊力量訓練」的課程。

李小龍當年是這樣進行訓練的：首先找一根重約 0.5 公斤的小鐵棒，將它握在手中，然後徑直向鼻子的正前方打出，也就是應養成由中線出拳的習慣，當然它將會很快改善你的發拳力量。同時，如能保持身體和手臂放鬆，你便會充分感覺到每打完一拳後，手臂會迅速地自動恢復原位。重要的是，你能夠做到像鞭打那樣迅猛而有爆發力的出拳（圖 109、110、111、112、113、114）。記住，需多體會你的肘部如何發力。

圖 109

圖 110

圖 111

圖 112

圖 113

圖 114

　　無論是用右手還是用左手進行打擊，你都應在原地擊打練習後，再進行「進步中的擊打訓練」，以便使訓練與實戰更加接近。有人也許會問，持重物擊打後可以提高速度與力量，這裏面有什麼原理呢？道理是這樣的：練習者之所以在去掉負荷後，再出拳打擊時就會加快，是因為你的神經中樞在完成難度較大的動作時，會發出較為強烈的神經衝動，接著又在放下重物後進行難度相對較小的同類打擊動作的練習，可使「剩餘興奮」繼續發揮作用，來指

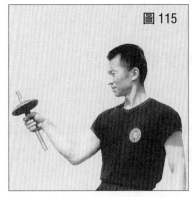

圖 115

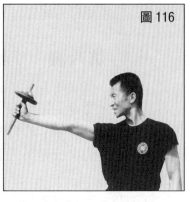

圖 116

揮肌肉快速收縮，從而提高動作速度與打擊力度。你試一下便會知道，效果是相當明顯的。

　　李小龍在訓練中常用的另一種用來提高打擊力道與速度的好方法是：按照詠春拳的原理進行持單頭啞鈴或「寸拳訓練器」的練習（圖 115、116），也就是先屈腕持啞鈴站立，然後以肘底勁發力而將手臂向前方打出至「臂直」狀態，這個時候是在手臂即將打直的瞬間才將力突然發出，而且要重點突出「腕力」與「肘底勁」的發揮與運用。

　　儘管是在進行專項素質訓練，但你仍需做到使動作果斷而無預動，這一點極為重要，不僅自由搏擊與西洋拳擊這樣要求，詠春拳更是如此，因為詠春拳更加注重搏擊的實效性與戰鬥效率。如此一來，當對手看不出你的身體有前衝的跡象而進行防禦的同時，你的拳頭早已重重擊中了對手並迅速抽了回來，這就是出拳迅速、突然、強勁的優點所在。也就是說，在對手發現你的動作之前，你的攻擊已經完成，這才是真正的詠春拳高手所應具備的能力，也

是我們以後所應努力的方向。

第八課　「扯空拳」練習

進行「扯空拳」訓練的目的，一是為了鞏固前面兩課所學到的「日字沖拳」的打擊技術；二是學習連環攻擊與連續重擊的能力；三是為了進一步強化日字沖拳上的打擊威力與破壞力。

練習時，每一拳都需由「中線」而出，並同樣講求瞬間的爆炸力與「穿透」效果，同時打擊前身體仍需適度放鬆，以保證順暢的打擊速度。李小龍的詠春拳師兄張卓慶（WILLIAM　CHEUNG）大師，便於 1984 年在美國的哈佛大學以「扯空拳」創立了一項每秒鐘 8.3 拳的快速擊拳世界紀錄，而且至今無人能破。

在詠春拳中之所以注重「扯空拳」的訓練與運用，是因為在實戰中單一的打擊動作並不能保證你能一擊制勝，但是，這種連續不斷的如狂風暴雨般的密拳連續狠擊則可助你達到目的，道理很簡單：

對手能防得了你的第一拳，但卻不一定能防得住接二連三的重拳猛擊，因為第一拳攻擊已為後面的連擊動作撕開了一道缺口或創造了更為有利的條件，所以，這種連續發出的快拳連擊很容易擊中並由此徹底擊倒對手。這也是為什麼能連發射擊的衝鋒槍（機槍）比只能單發射擊的步槍厲害許多的原因所在。

具體反映到詠春拳上，這種連環攻擊的「扯空拳」就好比是威力無比的衝鋒槍，而單一而發的拳法則好比是步

槍。當然，步槍的準確性從理論上來講要好過衝鋒槍，但衝鋒槍的第一發子彈射擊在準確性上亦並不差。己方的連環重擊不但會使用對手無法招架，甚至連招架的機會都沒有，進一步來講就是讓其連閃避的機會都沒有。

以詠春拳來講，當第一拳有效擊中對手後（無論是先攻擊擊中或是防禦反擊時擊中），接下來必是一陣重拳連擊以便擊潰對手，因為己方每一拳打完後必可由此製造一個更有利的空檔來利於下一拳的攻擊，這樣直到對手倒地不起為止。當然，活生生的人與威力無比的衝鋒槍還是有很大區別的，因為人是有生命力的，他可以根據實際情況去迅速捕捉最有效的戰機及目標。所以從理論上來講，人的「重型連環拳」甚至要厲害過衝鋒槍，因為槍是一件機械產品，它有時候是不受人的控制的，而你的雙拳卻可自由和自如地發揮。

「一個高手與初學者的區別在於，高手善於把握最有利的戰機去做足以致命的連環重擊，也就是一鼓作氣擊倒對手」（李小龍）。

具體訓練時，兩手置於胸前做好戒備姿勢（圖117），右拳於胸前沿直線向前徑直打擊（圖118）；當然，右拳需放鬆地打出並直至右臂打直打盡（圖119），此時左拳應進行良好的防護，並需養成習慣。接下來，在右拳迅速回收的

圖117

圖118

圖119

圖120

圖121

同時，左拳則貼著右腕上側
猛然向前擊出（圖120），
並直至左拳打直打盡（圖
121）。然後在左拳回收的
同時，再疾速向前攻出右
拳，而且仍是貼著左腕上側
向正前方果斷打出（圖
122），直至右臂打直而將

圖122

圖 123

圖 124

勁力盡數發放出來為止（圖 123），然後再回復到原來的準備姿勢。如此「三拳一組」進行循環往復的不懈練習。

在上述訓練中，之所以要求攻擊之手是貼著另一拳的腕部上側向前方徑直打出，是因為雙手上下交錯在一起而嚴密屏護住了自己的中線要害，故對手是很難由此種狀態突入我方中門而破壞我方的攻擊的。其中的原理很簡單，試想一下，是你的單臂容易被對手格開，還是雙臂上下交錯在一起時容易被格開呢？答案當然是前者更容易遭到對手的破壞了。記住，這又是詠春拳中的一個不傳之秘（圖124），圖中為李小龍的親自示範。

「扯空拳」訓練通常以每組三拳為最佳，李小龍當年則稱之為「安全三下」，而且每天應最少練習一百組，李小龍在其顛峰狀態時期是每天做 666 組，亦即總出拳數達2000 次（也可根據實際情況定為「六拳一組」或「四拳一組」以及以左手為先導而進行連環打擊），這時你就應該明白功夫是怎樣練出來的了吧。

練習前先在胸前選定一個目標（也可畫出你的仇敵的模

圖 125

圖 126

樣），或直接在牆上塗一個「○」或「＋」之類的標記，然後可對著這個標記（目標）進行不間斷地連續沖擊（圖125），當然在這裏並不需要你將拳頭直接打在牆上，而是以牆上的標記為假想中的目標進行連續的「空擊」。

　　在詠春拳中，進行上述這種對著「假想」目標進行打擊訓練的目的，是使你出拳的落點更集中。要說明的是「集中攻擊同一目標」是相對的，而非絕對的，它的目的是集中優勢火力進行重點突破，以便增大打擊效果。此原理就像工作中的「衝擊鑽」一樣，一次鑽不透這堵牆，可再在同一目標處再鑽一次，直到「鑽透」為止。具體反映到格鬥中來：一拳擊中對手後，可連擊兩拳，在該次「三拳連擊」之後，可再來一次「三拳連擊」，在這種強力「沖擊」下，沒有鑽不透的目標也沒有擊不垮的人。

　　本課是前面幾課內容的延伸與提升，也就是將前面幾課練就的強有力的「單招」，在本課中結合（串聯）起來進行運用。當然，當你具備了極好的連擊能力與打擊速度後還不夠，因為你的拳頭（拳面）之殺傷力與硬度還缺乏一些「火候」，或者說真正能使拳頭產生足夠殺傷力與破

壞力的方法你還未學到。既然你想學，那麼，就去看第九課吧！

第九課　「牆壁拳擊袋」練習

作為把詠春拳推向世界的先行者，李小龍已把詠春拳的很多技術與訓練方法發揮到了極致狀態。在他的詠春拳訓練系列中，有些方法是新創立的，有些則是延續自傳統的詠春拳。例如「牆壁拳擊袋」的訓練便原原本本地來自於傳統詠春拳，這也是李小龍較為重視的一種拳力強化訓練方法，他曾這樣對弟子們說過：「我不知道拳頭打在人身上的真正感覺，因為你可能打到堅硬的骨頭上；也可能會打到軟軟的脂肪上面，而牆壁拳擊袋訓練則是體驗創擊真實感覺的最佳方法。」他所採用的方法便是去擊打掛在牆上的方形的拳擊袋，也叫「牆壁拳擊袋」（SAND PLATE），在傳統詠春拳中則叫「沙碟」。李小龍雖對這種方法進行了廣泛的運用，但事實上它卻仍舊是詠春拳中的一項必不可缺的功力訓練手段。

傳統詠春拳中的「牆壁拳擊袋」通常是豎著掛著的三個方型小沙包，而李小龍則將之改進成了橫掛（圖126），而且他的不同的沙袋裏面分別裝有砂子、石礫（豆子）及鐵沙（鐵屑），用以體驗打在不同物體上與不同部位上的不同感覺。當然，初學者可先從擊打較軟的裝有砂子的袋子開始練起，而且根據課程安排本課雖只訓練三天或兩天，但這卻是一個保留課目，而需要你去天天練習（至少每天應練幾下或隔日去練一定的時間與強度），因為它對

圖127

圖128

培養你的打擊之破壞力與拳面硬度相當有用。

更有一些詠春拳高手會每天帶著一塊鐵板，以便有時間時便拿出來打幾下（圖127、128），正所謂「曲不離口，拳不離手」，一旦你的拳面適應了鐵板或鐵沙的硬度（這種練法在少林拳法中叫「鐵拳功」），那麼你的拳頭之攻擊力與摧毀力將是極為驚人的。正因為如此，一些詠春拳高手才「不到萬不得已不會出手」，以免誤傷他人。

根據傳統詠春拳的說法，進行「牆壁拳擊袋」訓練有如下優點：

第一，練習出拳打擊時的力點與落點的集中；

第二，用來有效地鍛鍊你的出拳的打擊力度與勁道，因為它的效果與圓形的吊著的沙包可以說是截然不同，那種吊著的沙包並不能將你的全部力道都能貫透進去，或者說牆壁拳擊袋的優點就是它能貼（掛）於牆上，所以，它比普通的沙包能承受更多的衝擊力，因為那種吊沙包你略一發力它就跑掉了，而這種牆壁拳擊袋則不會因為擺蕩而卸力，除非你能將它後面的牆打穿。當然這就可鍛鍊你如

圖129

圖130

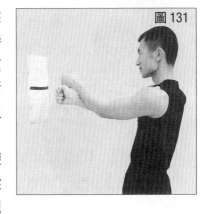

圖131

何將拳力及身體的內在打擊潛力充分的發放出來，同時由於牆壁無法移動，所以它亦會使你的手臂受到「反衝擊力」的鍛鍊，而使你的上肢變得更加強勁和堅韌。

第三，是用來迅速磨練與提高你的拳面硬度與「縱深性的破壞力」，也就是把你的肉體與關節進一步「武器化」，使它變成一對無堅不摧的鋼鐵巨錘。

進行「牆壁拳擊袋」訓練時，可以進行單拳打擊以求養成正確的動力定型；亦可雙拳左右連擊以便練習「連環快攻」的快速搶攻或迅速轉入反擊的能力。而且在你的雙手前後進行交換時，仍需使後拳從前手的腕部上側打出（圖129、130、131、132、133），以便佔據「兵家必爭之地」的「中線」。這在詠春拳中又叫「發拳肘在中」，

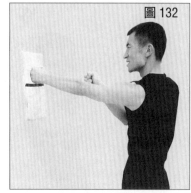

圖132

圖133

圖134

圖135

也就是無論是「扯空拳」還是「擊打實物」，拳都必須由「中線」打出，而每出一拳都應注意做到使用手肘佔據「中線」（圖134），從而以肘部發力將拳頭快速、短脆地打出。（圖135）所示為傳統技術中的雙拳打擊方法，雖然今天有些流派已淡化了這種技術的練習，但如能在近戰中把握住有利的戰機，這仍是一記狠招，尤其是在運用於反擊時更是如此。

我們勤練武術的目的，就是為了格鬥，就是為了在自

衛中取勝，就是為了見義勇為而去制伏那些危害國家和人民安全的不法狂徒。也就是說你不可避免地要去同惡勢力作爭鬥，這時如果你的拳頭沒有一定的殺傷力與硬度的話，你根本別想輕易將其制伏。因為無論你的出拳有多麼快，技術有多優美，但卻就是如同撓癢一般，不但無法擊痛對手，相反還會挫傷了你自己的手腕，由此看來，足夠的殺傷力才是街頭巷戰中制勝的關鍵因素，還是拳諺說得好：「一力降十會。」真實的格鬥沒有真功夫是絕對不行的。

格鬥講求的是速戰速決，誰先擊倒對手，誰就可避免被對手擊倒，這是很現實的事。很多人在格鬥中亂打一陣後卻沒有什麼實際的效果；反觀一位格鬥高手，他通常一招或一個「打法組合」就可令對手躺倒不起。如果你要問其中的原因與秘密，那麼，牆壁拳擊袋會「告訴」你。

在第八課中，我們學習了連環出拳的方法，而在第九課中，則由對「牆壁拳擊袋」的練習對「連環拳」進行了提升與強化，亦即使它具備了較強的殺傷威力，但是這種殺傷威力的具備並不一定就能使你自如運用於實戰中，因為你只有有效地運用步法移動技巧，才能使你達到可有效擊中對手的理想距離，也就是說「有效的拳法連擊同樣賴於步法與身法的協調配合」，而接下來的第十課就是專門來講述「步」與「拳」的有效配合的。

第十課 「進馬沖拳」練習

在詠春拳中，「進馬沖拳」亦可稱為「步箭拳」，它是利用步法的迅速前沖來創造有效的打擊距離與強化拳法

上的打擊力度，所以說拳家說得好：「搏擊技術之優劣取決移動動作之技巧。」還有一句更露骨的拳諺叫「教拳不教步，教步打師傅。」這足以顯示步法移動技巧在格鬥中的重要性。李小龍對步法與拳法協調運用的重要性的比喻是：「手與腳恰如炮臺與大炮般，應隨時保持最適應之位置以予敵人以最大的威脅。」

試想一下，你的拳即使打得再快、再重，倘若距敵（目標）太遠的話，也無法充分發揮出其殺傷效果。

1.練習方法

練習時，由前鋒樁開始（圖 136），在左腳蹬地的反作用力的推動下，己方前腳應迅速提起並向前滑去，同時打出右日字沖拳（圖 137）；接下來在右腳踏地後及將左腳迅速「扯」前的同時，將右拳由放鬆狀態而徑直向前打盡、打直（圖 138），以便將自身所有的勁力盡悉發放出去。隨後，再在向前衝刺右腳的同時，將左拳打出（圖 139），目標仍是正前方之「中線」要害處；在右腳踏地後及再將後腳以「箝膝力」扯前的同時將左拳打盡（圖 140）。然後，再重複上述過程，繼續打出強勁的右拳（圖 141、142）。

至於你的拳法之組數與次數，如果是三拳一組的話，則每天至少要打 200 組當然你也可根據實際情況去

圖 136

圖 137

圖 138

圖 139

圖 140

圖 141

圖 142

安排「四拳一組」、「五拳一組」或「六拳一組」，至於組數適當減少一些就是了。

2.動作要求

如果步法與拳法配合得法，其打擊力是相當驚人的，因為日字沖拳本身的力量可在步法的摧動下發揮至極限或超極限發揮，就像汽車一樣，你光發動機性能好是沒有用的，如果沒有車輪去具體運轉，你只能在原地「乾著急」。

雖然上述動作練習是「一步一拳」，或者說剛開始時會有點不太適應，這沒有關係，俗話說「一遍生，兩遍熟」，一旦你適應或掌握了這一動作技巧，你便會感覺到原來在實際的打鬥中是這麼有用。

因為實際的格鬥講究的是「簡單、高效、兇狠」，而「進步沖拳」或「步箭拳」則恰恰符合這一原則。謹記，一旦與對手「接手」，就必須以摧枯拉朽之勢一氣擊倒對手，千萬不要給他掏出兇器的機會。

在具體練習與運用時，李小龍一般都是邊發力邊呼氣，亦即「以氣助力」，從而在無形中增加打擊時的「穿透威力」。重要的是，你的雙手一定要由「中線」發出，並去直接創擊對手的「中線要害」，以便迅速破壞其重心並最大限度地殺傷其要害部位。還有，你的一切動作均要以「精簡、幹練、直接」為指針，正如李小龍所說：「恰好夠了，就夠了。」收拳時，亦絕不可將拳放下並置低，你必須養成由原來的出拳路線往回收拳的習慣，因為在這種情況下的你的拳之「出」與「收」全都在中線上，這對

「中線」來說是一個很好的防護。

你雖然通過第八、九課的練習已經分別掌握了正確的沖拳動作並擁有了一定的攻擊威力，並經由本課的練習學會了如何在移動中去運用這種能力，但是，要想將其真正付諸於實戰搏擊中，僅憑上述幾點還不夠，因為你在原地打牆靶雖練就了一定的功力，但你在移動中這種力卻並不一定能發揮出來，就像一個走路走慣了的人突然騎上一匹狂奔的快馬一樣，你可能適應不了。

所以，在接下來的第十一課中，將具體向你講述如何在移動中去練習「進馬沖拳」。

第十一課 「進馬擊靶」練習

在移動中以「日字沖拳」去擊打拳靶雖不利於打擊之「穿透力」的獲得，但卻容易獲得良好的距離感及「實戰感覺」，或者說在前面擊打「牆壁拳擊袋」雖可利於獲得攻擊力道及增強拳頭的硬度，但它畢竟是一種「死物」，與變化莫測的真實格鬥之間尚有一定的差距。

不過，如能將此兩者有機地結合起來進行訓練，便可兼顧到它們各自的優點。所以說在經歷過前面的「牆壁拳擊袋」及「進馬沖拳」的練習後，再來練習「進馬擊靶」，完全符合事物的邏輯及格鬥的要求。

雖然傳統詠春拳中沒有這一練習方法，但卻並不代表它沒有用，要知道李小龍的習武原則是「簡單、直接與非傳統性」，他甚至說處處針對固有的傳統武術。

適時而動在真實的格鬥中相當重要，因為格鬥本身就

是一種變化莫測的需隨時避開對方的攻擊或迅速去尋找攻擊目標，並予以果斷打擊的運動。因此，古代那種「未習拳先習樁三年」的類似的方式已不適於今天的情況了。原因是古法的練習雖一味求「穩」，卻無法靈活變化與移動，所以，你必須學會與習慣在快速移動中去打出致命重拳。

1.練習方法

「進馬擊靶」根據實際情況大體可分為兩步去練習，即「中、大型靶的訓練」及「小型（手）靶的訓練」，現分別詳解如下。

（1）中大型靶的訓練

練習時，以前鋒樁站立（圖143），此時你可想像自己最兇惡的敵人正站於前面；隨後在向前進步的同時果斷地打出右沖拳（圖144），而且你的拳需打盡與打直。接下來，在向前踏進左步的同時再猛然攻出既快又準的左沖拳（圖145），當然此拳前面的右拳一樣都是從「中線」

圖145

圖146

凌厲出擊；然後，再向前踏
進一步，並迅速攻出既重又
狠的右沖拳進行凌厲連擊
（圖146）。

圖147

　　記住，上述之「三拳連
擊」必須連貫而不可脫節，
並且落點要集中。這種方法
主要是練習在步法前衝的基
礎上，發出你力所能及威力
最大的拳法，因為靶子較大故而可充分「吸收」你的打擊
力道。

（2）小型靶的訓練

　　練習時，仍以前鋒樁站好（圖147），面對對方手中
的拳靶，你可在迅速向前沖進步法的同時，將右拳果斷、
有力地打向拳靶的「中央」，亦即「靶心」（圖148），
當然你的拳力須突然發出，也就是在拳頭接觸到目標前的
瞬間才迅即發出，並需養成習慣。

圖148

圖149

　　接下來，再在向前沖進一步的同時，迅速準確地攻出左沖拳（圖149），而且拳仍需打盡與打直。然後，再在向前踏進一步的同時，再兇狠、凌厲地打出你的「殺手鐧」──右日字沖拳（圖150）。謹記，拳法並非一定是「三拳連擊」，而且必須由移動中去求「穩」，此種「穩」方是真切而自然且實在的。

　　良好的步法意味著己方能適當地保持良好的平衡，並由此發出足以令對手痛徹心腑的重擊。任何一個良好的攻擊動作均包含著「手」與「腳」的良好配合以及「頭腦」的控制。上述「小而快」的步法移動是保持完美平衡的唯一方法，如此方可擁有正確的距離感並運用對方預料不到的攻擊與反擊去重創之。

2.動作要求

　　雖然是沖步在前，沖拳在後，但動作之間需連貫而不得脫節，以免影響整體勁力的最大發揮。就像「跳木馬」一樣，雖然你的助跑很快，但在起跳前的瞬間卻因為心怯

圖 150　　　圖 151

而來了一個略為「停頓」（實際上是「猶豫」）的動作，這樣不管你怎麼跳也跳不起來了。因為你已經喪失了起跳的「原動力」。

　　格鬥亦是如此，儘管你前衝的速度很快而且慣性很大，但由於動作銜接不夠理想，因此未能將這種慣性衝擊力充分運用到擊出的拳上，便無法憑此有效地擊倒或者重創對手。詠春拳雖然注重「肘底勁」的短程勁力的發放，但是能利用上的力你為什麼不去用呢？

　　其次，雖然是擊打靶物的練習，但你仍須注意兩拳在打擊上的「連續性」與「緊密性」，儘管剛開始練習時無法一下子做到這一點，但起碼你的大腦中應有這種意識。重要的是，你的兩拳需要始終由「中線」攻出和收回，以佔據最佳的打擊角度與進行最理想的防護。

　　事實上，還有一種快速反應性質的擊靶練習，也就是對方不事先把靶亮出來（圖 151），他可能會乘你不注意的時候突然亮出來（圖 152），這就需要你反應較為敏捷才能有效擊中它（圖 153）。

圖 152

圖 153

李小龍對這一「動感」極強的訓練方法的要求是：盡量減少猶豫的抉擇性反應動作，反應與動作均需果斷。而且一個人能敏銳地觀察外界的形勢變化的能力，大抵是靠勤練得來的，而非天生具有的。

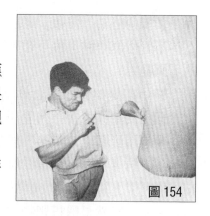

圖 154

無論是哪種擊靶方法，你都不用擔心它不會將你的打擊勁力全部發放出來，因為詠春拳講求的是「瞬間」的「寸勁」的有效運用，因此只要你發力的方法正確及距離感得當，你的任何打擊必可產生「透徹臟腑」的穿透力和深層破壞力。

另外，對沙包的快速及重力擊打也是磨練殺傷力與拳面硬度的絕好方法之一（圖 154）。

以上幾課主要講述了「日字沖拳」的正確的動作定型及相關的力量訓練方法，也就是讓你逐步具備進行格鬥與

實戰訓練的條件，這也是一個必然的過程。就像古代的戰將一樣，戰前都要去磨好自己的大刀，然後才去揮刀砍殺敵人，那麼，這個「揮刀砍殺」就相當於我們的實戰訓練與實際運用。如果你想知道日字沖拳在實戰中到底是如何運用的，就請你自己接下來看的第十二課。

第十二課 「拍手沖拳」練習

本課講的是「日字沖拳」在實戰中特別是攻擊中的運用，春拳也可以算得上是一門攻擊性的拳術，因為它的「連削帶打」的攻擊性技法處處可見。而且真正的搏擊，或者說是高手間的搏擊並不是像前面講的那樣，在進步沖拳的同時就可擊倒或重創對手，它是要尋找一個合適的機會或找到一個突破口以後才能去有效的施展。也可以說前面的所有基礎性的練習都是為了以後的實戰搏擊作準備的，它們的作用就如建房前先打的地基一樣。

請你記住，詠春拳基本上沒有單一性的攻擊技術，正如前面的第二章的「拳理闡述」中所講到的，詠春拳一出手便具有「攻防」兩種效能，最起碼在李小龍的詠春拳系統中是實行這一原則的（圖155）。尤其當你面對一個防禦技術良好的對手時，貿然進攻只會使你自己遭受到迎頭痛擊。當然無論對手水準有多麼高，我們都

圖155

圖 156

圖 157

有自己的「破門」與「入門」方法，正所謂各家有各家的
路數。

1.練習方法

　　練習時，我方以前鋒樁與對手「手搭手」對立（圖
156），我方在右手向前推進的同時，突然攻出左手由敵方
手臂的右上方拍壓下敵方右手臂（圖 157），同時迅速攻
出右日字沖拳去果斷直擊敵方面門（圖 158）；接下來也
可再用左拳進行連擊。

　　從上述動作可以看出，己方的左右手要進行良好的配
合，而且基本上是「同步做動作」，此種攻與防齊出的巧
妙打法，通常都會使對手頗不適應，或者說可以打其措手
不及，尤其是非詠春拳派的拳手，你的這種「雙管齊下」
的「怪招」是最令其頭痛的。

　　另外，己方在左手「削打」與右手「搶攻」的同時，
身體亦應相應的向前貼近，以增加拳頭上的沖擊勢能。這
種「進身」與「巧力拳打」高度配合的技術，用李小龍的

話來說就叫「近身與發力」。

　　「拍手沖拳」的另一種較為複雜也更為強勁的打法是：先與對方手搭手站立（圖 159），我方速用左手向前方拍出並向下壓下敵方右手腕（圖 160），同時在迅速向前上右腳的同時將「右日字沖拳」徑直打向敵方面門（圖161），在敵方意料之外得手；接下來，不待對手做出反應或進行防護，我方早已又在跟進後腳的同時，以強猛的左日字沖拳既快又狠的擊中了敵方頭面部致命要害處（圖

圖162

圖163

162）；隨後，在左拳迅速回收的同時，又不失時機地向前攻出了右沖拳（圖163），目標仍然是對手的頭面部，因為詠春拳講求就是著力點與落點要集中。在本打法中，一旦第一拳命中對手，後面兩拳都應強力攻出，以擴大戰果。在這裏，如何把握有利的戰機便極為重要，「確切的時機需及時把握，否則稍縱即逝。一個優秀的搏擊者與其說是看見時機，倒不如說感覺出正確的攻擊時間，當然時機與機會是要靠自己來創造的。」（李小龍）

2. 動作要求

雙手需同步而動，如果用此技法去對付從未接觸過這種打法的人可以說是每打必中。這也可以說是李小龍當年的拿手好戲，因為他曾多次在一些國際大型武術賽事中進行「突破阻截」技術的表演，而且無論配合他表演的對手水準有多高，但卻從未有人能阻截住他的這種看似簡單的不能再簡單的攻擊技術。

這是為什麼呢？原來，己方突然攻出的左手已將對方

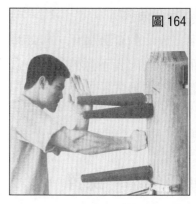

圖 164

圖 165

守護在「中線」上的前手拍離了其所應防護的部位和區域，從而可以使自己的右手「長驅直入」暢通無阻，這一點你可能沒有想到吧！

另外，己方在左手拍開其右手後並沒有馬上收回，因為你一收回手，它還能用來進行阻擋，所以在拍擋敵方右手臂後，應順勢抓控住使其無法動彈，以保證前手打擊時的成功概率。這個時候，由於你已將其右手略為推拍到了其左側，因此還在無形之中限制了其左手攻出或進行防禦的動作。為了具體訓練「雙手同步而動」的效果，李小龍便經常採用木人樁來進行輔助訓練（圖 164）。另外，在（圖 165）中李小龍雖然打的是截拳道風格的「攻防一體化」技術，但從圖中可以看到他的後手仍已牢牢護住了自己的上盤要害處，這一點很值得我們學習。

在實戰中具體運用本招法時，一是必須進步貼近對手以創造良好而有效的打擊距離。二是必須具體運用「不招不架，只是一下；犯了招架，十下八下」這一連招重創的原則。因為你的目標與目的很明確：迅速擊倒或擊敗對手

以保護自己（這是武術格鬥最基本的哲學）。

在本課中主要講了「順手直攻」的實戰運用，也就是兩手直接由對方的中門突入而予敵以出其不意的打擊，這是日字沖拳在實戰運用中的最基本的形式。如果說這一招法是典型的「突破」型打法的話，那麼，接下來要講解的這招「回手沖拳」則顯示了更高的技巧性與格鬥藝術性。

第十三課　　「回手沖拳」練習

武術對抗最講究的就是出其不意和攻其不備，正所謂「兵無常形，水無定式」，如果對方對你的攻擊有了充分的準備，那麼，你想擊中或是擊倒對手就難了。當一位摔跤選手想要摔倒對手時，必會先將對手往自己的身邊拉，以便使他產生一種猛力往後掙脫的力（當然他的這種反向的力是人的一種本能的也是一種正常的反應），如果你能借他這股後閃後拉的力去順勢推他，必會將他推倒無疑。

同樣的道理，本課所講的這招「回手沖拳」在原理上亦同那位摔跤選手的技巧差不多，只不過是詠春拳手回手打擊的速度更快一些，以及將「推」變成了迅猛的「打擊」而已。如你能明白上述原理和道理，那麼這招「回手沖拳」也可以說你已經學會了一半。

李小龍對「回手沖拳」在技術運用上的解釋是：你的突然的回手後牽動作一可破壞對手的防禦體系；二可打亂對手的心理平衡，因為若是初次交手的對手可能會被你的這個突然的回拉動作給弄懵了；三是由於你一（後）牽便馬上反手攻出，因此他想抽手回防都來不及了，這就是所

圖166

圖167

圖168

謂的「奇招勝敵」。此外，由於對手可能會後移，所以你應多練習如何有效地攻擊一個移動著的目標，並培養意欲擊中並「穿透」目標的「願望」。

1.練習方法

　　練習時，我方仍與對方手搭手對峙（圖166），正在雙方互相試探、揣度之際，我可突然將右手貼緊敵方的右手臂並以伏手搭住其腕部，隨後迅速向自己的體右側方向牽拉（圖167），用以破壞對手的整體的防禦姿勢及防護效果；然後不待對手反應過來，我方的右手重拳早已在突然向後一牽後又迅速朝向正前方直線攻了出去（圖168），目標是對手的下巴或「口鼻三角區」這一最為脆弱的要害區域。當然，也可直接以連環重拳去「封眼」。

圖 169

圖 170

圖 171

圖 172

　　記住，緊接下來的，又是一記摧毀力極強的左直拳連擊（圖 169）；最後是右手重拳快速轟擊（圖 170），予敵以致命性創擊。

　　當我面對一個左手居前的對手時（圖 171），仍可用前手迅速回牽對方前手以便撕開其防線（圖 172）；然後以一記快如閃電的右日字沖拳重擊敵方面部致命空檔處（圖 173）；接下來可再發出一連串的致命創擊（圖 174），直至對手倒地不起為止。這可能不是傳統詠春拳中

圖173

圖174

原有的動作，但卻是一個突發性極強及實用性相當高的技巧動作，而且即使是你第一次運用，也同樣能有效地擊中對手，你還不趕快去試試！

2. 動作要求

首先，你在用伏手「搭」敵方手腕時一定要防止對手的日字沖拳順勢攻入；同樣的道理，當對手欲運用這一技術時，你也可以運用沖拳去順勢攻擊他。在出拳打擊敵方上盤要害的同時，你千萬不要忘記下肢的有效配合，你可以迅速將腳插入敵方中門，如果真能插入，勢必會控制住其重心。如果對方反應敏捷而避過了你下盤的沖擊時，也必會因身體後撤的過猛而嚴重影響其重心平衡，這個時候如果你能把握住良好的戰機，必可一舉擊倒對手。

這樣說來，欲有效擊倒對手，不僅戰術要靈活，而且還要有良好的步法配合，同時打擊的時機也極為重要，正如李小龍當年對弟子們所講：「速度與對時機的良好把握是相輔相成的，在出招時倘時間把握不準，則攻擊定會大

失效果。」

在上一課及本課中主要講了如何先主動去拍開對方的防禦之手，然後再去攻擊對手，因為我們都知道只要保持擺樁姿勢便是對其自身的一種最佳防護，所以你只有先設法破壞其「擺樁」，才能去有效地打擊與重擊他。這種先打亂與破壞對手防禦的方法，除了上述兩種之外，還有一種利用自身假動作去引開對手的防禦，然後再去攻擊他的更為機動、靈活的戰法，這就是第十四課中要講的「指下打上」練習。

第十四課　「指下打上」練習

在上一課中，主要學習了「回手」與「日字沖拳」的有機結合，在本課中則主要讓你學會「聲東擊西」、「驚下取上」與「指下打上」的戰術原理。記住，不僅是讓你學會一種技巧，而是讓你明白這種技巧背後的原理。兩強相遇智者勝，兩個手法與腿法技巧相當的拳手，運用戰術熟練者往往能夠取勝。用李小龍的原話來講，在格鬥中取勝不僅取決於心理、體能、技術上的表現，而且在很大程度上取決於戰略戰術的靈活運用上。

所謂「指下打上」，也就是利用攻向對手中下盤的假動作來充分吸引其注意力，亦即當你想攻擊對手上盤時，可先虛打其中、下盤來吸引對手，將其用來防護上盤的手移向下邊來，從而致使其暴露出其上盤空檔來。如果想真正攻擊其中、下盤時，則可先佯攻其上盤，導致對方暴露出其中、下盤空檔來。「先欺騙對方再攻擊，通常是師父

輩的高手所慣用的技巧。」（李小龍）

虛招或假動作常可用來混淆、困擾、迷惑你的對手，使其大大敞開你欲真正攻擊的目標。你的虛晃著的假動作，足可誘使對手陷入「困境」中，當然具體實施時你還需做到是實是虛全無徵兆，讓對手無法防範。甚至時機成熟時，「虛」也可直接變為「實」，去果斷、有效地突然重創對手。

1.練習方法

練習時，我方以前鋒樁對敵（圖175），發起攻擊時可突然攻出前手去迅速「打擊」敵方中盤，以便誘使或迫使敵方用其前（後）手去進行格擋（圖176）；對手一旦中計，我方便應變抓住瞬間的有利時機迅速用左手由上而下控制住其前（後）手（圖177），同時果斷攻出右手日字沖拳去狠擊敵方面門並得手（圖178）。當然，我方的動作到此並沒有結束，為了最終徹底擊敗對手，我方仍需繼右拳之後再連續攻出一連串高效的「直線」打擊去徹底

圖177

圖178

圖179

圖180

摧毀對手（圖179、180），也就是以你的由「中線」而發的連環重擊打得對手倒地不起為止。

2.動作要求

作為「進馬沖拳」的一種實戰發揮，不能不再次強調步法上的沖擊慣性力量對上肢的打擊效力的巨大影響，你雖把對手的注意力引到了下面，但對手並不一定就會站在原地被你打，他也肯定想以迅速的後退動作來避過你的打

擊，不過只要你的前移速度快過他的後移速度，你便能夠去有效地擊中或是直接擊倒他。

當然，你的假動作只能瞬間暴露對手的空門，所以如何善用時機去重創其空門處又是得以制伏對手的一個關鍵因素，同時這對你的臨場時瞬間的應變能力也是一個極大的考驗，如果不能迅速捕捉對手暴露空檔的良機去有效重創他，那麼，他或會迅速調整其防禦措施，或者會迅速向後避開，或者會突然出前手去迎擊你的面門。「倘若能熟知何種虛招欺敵可產生何處空檔，則攻擊的最好時機便是能既快、又準、又俐落及乾脆、直接地出拳，而不得猶豫與拖泥帶水。」（李小龍）

虛招主要用來對付技術較好的對手，因為當面對一位初學者時可能根本用不到此種高妙的技戰術，因為你的突然的直擊動作早已在對手做出反應之前擊中了他。重要的是，你的動作需練到純熟、自然方可，因為你所面對的不可能全是水準一般的拳手。

在本課中主要學習了如何在假動作的配合與引導下去巧妙、有效地攻擊對手的技巧，但是，當你遇到一位穩重的對手或是守重於攻的對手時，他有可能會對你的虛招不屑一顧或不為你的假動作所動，這時你就須改變戰法，而去運用下一課中所要講到的「（粵音俗字，讀「臘」）手沖拳」了。

第十五課 「攊手沖拳」練習

「攊」的廣東話意思是順手掠過或者順勢牽到一旁的意思，在詠春拳中它主要用來破壞對手的防禦姿勢，並進

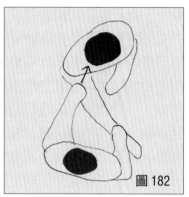

圖181

圖182

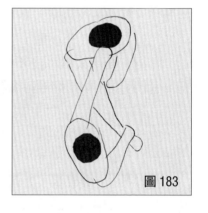

圖183

一步破壞其重心平衡。也就是當你面對一個防護技術較好的對手時，你的假動作佯攻可能會被他的「不動肘」防禦技術破壞掉，所以你可以借與對手「手搭手」對峙的機會而順勢擒拿並牽化其前手，從（圖181、182、183）中的俯視示範我們可以看到，當我方抓住敵方的右腕並突然向己方右後方猛然一個「牽帶」動作後，一下子改變了對方的站立角度，當然這個角度的改變已經無法再使其攻出其後手了，而我方的左拳卻可在右手向後方牽帶敵前手的同時突然攻出而準確地擊中了對手的頭面部致命要害處。

從上述動作分析我們可以看出，己方的動作實際上是一個雙手前後交錯用力的動作過程，你的前手上的向後牽帶的動作，不僅僅破壞了對手的防禦體系，同時也還會致

圖184

圖185

圖186

使其重心隨之前傾，而恰好我方的左拳又反向用力迎面打了上去，導致對方的頭面部與己方的拳頭「撞」在了一起，由於此時雙方的速度都極快，故而撞擊力也極強，試想是對方的頭面部要害處硬，還是你的經過殺傷力與硬度訓練的拳頭硬呢？

（圖184、185）為李小龍當年的兩位詠春拳高足嚴鏡海及黃錦銘所示範的一組有關本招法的標準打法，從圖中可以清楚地看到，右方的嚴鏡海的動作幾乎是雙手「同步動作」的，以便儘量縮短對手可以做出的反應時間。

1.練習方法

練習時，敵我雙方均以前鋒樁對立（圖186），我方則應注意觀察對手的面部表情，以便能捕捉住最佳的時

機；由於對方亦正在猶豫之中，所以己方可主動發起攻擊而突然將右手翻腕而抓住其右腕並猛力後牽（圖187），同時左手需不失時機地迅速攻出，並由中線直擊敵方上盤要害處（圖188）。當然，為了徹底擊敗或制伏對手，不待將左拳

收回，你的右日字沖拳便應果斷攻出，目標仍然是對手的上盤空檔處（圖189）。

　　為了練好本招法，你自己可以嘗試一下：當自己被牽化而失去平衡之際，你還能不能出拳進行打擊？答案當然是「不能」，你既然知道了迅速破壞對方重心的重要性，為什麼還不快去練習並掌握它！

圖190

圖191

2.動作要求

　　動作一定要突然，不然的話要想牽動一個人的重心也並不是那麼容易的，因為一旦對手全身肌肉繃緊後你就「牽」不動了。而且不管其是重心前傾還是後仰用來「對抗」，你的左手都應果斷、及時、準時、迅猛地攻出，並且這一拳也僅是一連串攻擊的一個先導或導火索。請記住，詠春拳在攻擊上的一個原則：一旦對手中招（第一擊），便需馬上「射」出連環數拳去「迫步密襲」，令對手無法招架而中拳落敗。

　　（圖190、191）為己方左手在前時的動作示範。當然，無論你的左手在前進行牽化還是右手在前進行牽化，動作幅度都應恰到好處，因為若動作太大反而不利於另一拳去有效地打擊對手，或者說牽化不是目的，而只是達到目的一種的有效手段。謹記，牽化時你的肘部幾乎是不動的，而大多是靠腕部的力量去完成猛力後牽的動作，從而用來最大限度的屏護自己及儘量保持自己的重心平衡與穩

圖192

圖193

定。請記住李小龍曾說這樣一句話：「如果無法在任何時候保持平衡，則攻防絕無效果可言。」

（圖192、193）所示為當對方先發右拳攻來時的防守及反擊方法：我方先用右手迅速外格敵右臂外側，然後在後牽的同時突發左沖拳去狠擊對方的頭面部致命要害處。

前面幾課主要講了如何在面對面的情況下去巧妙、有效地打擊對手，但是，當對手以極為強猛的攻勢向你猛衝過來而使你無法（假設是無法）同其進行面對面的搏鬥時，你就不得不走偏鋒而採用「邊門削打法」，從側面去更為巧妙地打擊對手了，這就是在下一課中所要講授的「轉馬沖拳」（又叫「側身日字沖拳」）的實戰運用。

第十六課　「轉馬沖拳」練習

在第三課我們學習「轉馬」的動作時，已經講到此動作要領如同鬥牛士一般讓過對方正面的勢頭而從側面去巧妙、有效地打擊對手。

當然，這一過程也就使自身由「正身馬」變成了「側身馬」，詠春拳之所以以「巧」出名，其在技術上的靈活性就充分借助了兵法上的「避實擊虛」的原理，因為面對一個強猛的對手時，你根本沒必要同他去進行正面的蠻力搏殺而拼個兩敗俱傷，就像一輛高速衝前的坦克一樣，它的正面的防護鋼板通常是相當堅硬的（用一般的炮彈無法擊穿），但是，其側面的防護板則通常是較為脆弱的，所以，大多數反坦克火箭炮手都會設法由其側面去摧毀它。而「轉馬沖拳」的原理亦基本上同於此。

詠春拳的一大技擊特點就是「卸力」，前面所講的「轉馬」練習就是用來練習如何卸力，而本招法講的則是如何在卸力的基礎上去有效地打擊對手。

正如上面所講，面對強猛的對手，我方根本沒必要去同他鬥力，而是藉著對方攻勢與勁力將自己的上身轉向另一邊，也就是用巧力與柔力迅速改變身體角度，使得對方的勁道與攻勢完全落空。切記，此時我方是借對方的沖擊力去轉馬以消解敵方的攻勢，而非主動「轉馬」去消解，否則便會失去轉馬的真正意義。

1.練習方法

練習時，我方以正身椿（也可以採用前鋒椿）對敵（圖194），當對方猛發右拳向我方上盤攻來時，我方可速用左手由下向上（由裏向外上方）進行速度較快的

圖194

圖 195

圖 196

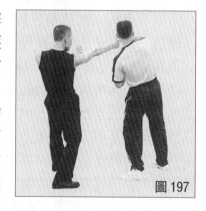

圖 197

格擋，用以改變對手的攻擊路線，同時在左手進行防護的瞬間右手亦應果斷向對方面部打出。

當然在這裏最為重要的是下盤應藉著對方的勁道而向右側轉動（圖 195）；當己方右腳轉到位的同時，左拳亦早已準時而有效地擊中了敵方頭面部致命要害處（圖 196）。但我方的動作此時並沒有結束，而是左拳擊中對手的同時又連續攻出了右拳（圖 197），將敵方徹底摧垮。如此閃電般連環進擊，對手一刻不倒地則己方的「重炮轟擊」就不能停下來，以免錯失良機。

2.動作要求

己方的轉馬動作不可進行的太早，若太早就變成了普

圖198　　　圖199

通拳派中的閃身動作了，那就根本談不上力的巧妙運用了，或者說練習「轉馬沖拳」時最易犯的錯誤是己方常會主動「轉馬」以便提早去消截敵方攻勢，因而根本無法發揮出詠春拳「卸力」與「借力」在實戰中的實際威力。

當我方以左手外擋敵右臂內側時用的是巧力，亦即「內門消打」的一種卸力方法，由於對方的衝力並沒有因其前手的被消截而停止，所以我方便可藉著左手與敵臂相接觸所產生的反作用力而順勢將身體由正面轉變成側身，當然己方腳下轉動所產生的動力亦可大大加快「轉馬」的速度並增強拳法打擊的破壞力度。（圖198、199）所示範的是「轉馬沖拳」的側面動作。

前面所學的日字沖拳都是在攻擊中的運用，即使是本課所講的轉馬沖拳也是一種巧妙的變換打擊角度後的快速搶攻法，當然你也可以把它列入防禦反擊的範疇。

接下來所要講的可以說是真正的後發制人（後發先至）的技巧，不過，在真正的詠春拳中，攻與防是不分家而「合二為一」的，並以此來保證己方在打擊中的犀利性

圖200

圖201

與緊湊性。

第十七課 「拍手沖拳」（反擊）練習

這裏所講的「拍手」（PAK SAO）源自於傳統詠春拳中「護手」，它主要用來防禦攻向己方的中線部位的打擊動作（圖200），不過有時候也可越過中線而去防禦來自另一側的攻擊的，例如，以左拍手去拍擋對手打向自己右側太陽穴的擺拳等動作。

拍手防禦的特點是輕快、迅速、及時，它絕不同於別的拳派中的速度緩慢的「推拍」動作（「拍手」在詠春拳第一個套路「小念頭」中又叫「側掌」，運用時多處於防護的第二線，也就是由後手來實施這一高效的防禦動作）。雖然用左手或是右手進行拍防極為有效，但亦須同時配合另一拳的快速打擊動作才能更為有效地擊敗對手（圖201、202）。你剛開始練習時可能不太習慣於這種幾近雙手同步「攻」與「防」的動作，但這恰恰是詠春拳區

圖 202

圖 203

別於其他拳術的精華點所在，也可以說是精義所在。

1.練習方法

練習時，我方以前鋒樁對敵（圖203），當對方先用右拳虛攻過來時，我方可不予理睬，而去準備抵禦其後手重拳的打擊（圖204）；

圖 204

然後在對方的右拳打至自己面前的一瞬間（此時其已無法回防及變招，就如已射出的箭般無法改變路線），我方才速用左掌由左至右去輕快地拍擋對手的右腕，當然右拳也應不失時機地迅速打出（圖205），直取敵方面

圖 205

圖 206

圖 207

門。然後，不待對手後退閃避，我方早已連續攻出了一個強勁的左沖拳，而同樣準確地擊中了敵面門（圖206），用以擴大戰果。最後，可在對手倒地之前，再補上一記更為兇猛有力的右沖拳重擊，以便徹底制伏對手或是加快對手倒地的速度。

圖 208

　　具體進行動作技巧練習時，可讓陪練者一手向前攻擊，另一手則持拳靶護於面前，以便讓你在拍開其攻擊的同時將右手反擊之拳打在其所持的靶上（圖207、208），用以訓練你的打擊之準確度與打擊力度以及「實戰（真打）意識」。記住，你的拳應該始終由中線發出。

2.動作要求

　　無論己方的左手拍向何角度，右拳都應由中線果斷打

圖 209

圖 210

出，而且接下來的兩拳連擊亦是如此。此外，左手上的拍擊力度要恰到好處，亦即足以使對方的攻擊之拳偏離其打擊路線即可，或者說使其攻擊由己方耳旁掠過即可，因為這一拍防動作是為日字沖拳打擊服務的，如果它的動作過大或用力過猛，勢必會使自身的身形改變較大而影響右拳打擊上的品質與力度，也就是說具體實施時應層次分明。

　　在右拳打擊之後而連續攻出左拳時，右手應根據實際情況或直接收回，或邊回收邊向下「擠壓」敵方手臂，以防敵上擋來破壞我方的連擊動作。另外，右拳的第一記打擊動作應幾乎與左手上拍防動作同步進行，以加大對手防禦上的難度。

　　（圖 209、210）為李小龍早期所示範的振藩功夫（一種進化了的詠春拳系統）中的「拍手」與「反擊」的有效結合實例，此兩張照片大約拍於 1963 年，故從中可以看出李小龍當時的功夫還十分「傳統化」，但卻很實用。

　　無論你是單拳反擊或是連環進擊，都必須結合步法上的前沖動作而迅速撲進，正所謂：「進步猛，打法連，打

倒還嫌慢。」詠春拳並非無「腳」，只是你未曾去用心練習或你的師傅未曾教而已。

在本課中主要訓練你在一手向另一側拍擋敵方攻擊的同時，疾用另一手去迅速打擊對手的技術，那麼，當需要你的防禦之手向其外側（對己方來講是「由內向外」）進行格擋時又是如何去操作呢？這就是第十八課所要講的內容「攤手沖拳」（又叫「攤打」），攤手（TAWN SAO）與拍手相比這是一種更為犀利，同時也是更為巧妙的防禦武器，它是詠春拳中的特有動作，它同日字沖拳一樣都是詠春拳的代表性動作。

第十八課　「攤手沖拳」練習

不懂得「攤手」，可以說就不懂得詠春拳，因為「攤手」在整個詠春拳中佔有相當重要的地位，它與「拍手」及「膀手」堪稱是詠春拳防禦手法上的「三板斧」。所以從詠春拳的首套拳法「小念頭」開始，拳套一開始便是有關攤手的技術練習「一攤三伏手」（又叫「三拜佛」）。

不過，有關攤手的問題在各支流詠春中爭議也很大，有些拳家認為是攤開時是「手臂略動」，有些則認為是「手肘一齊動」，當然，這後者是不符合現實情況的，因為一旦手肘齊動必會使自身門戶大開，從而違反了詠春拳「不動肘」的根本原則。（圖211）是李小龍早期示範的詠春拳套路「小念頭」中的「攤手」。詠春拳創始人嚴詠春當年擊敗當地的黃姓惡霸時，就是以一記閃電般的「攤手沖拳」打得他「滿臉開花」的。

圖 211

圖 212

圖 213

　　諸多詠春拳家有關攤手的另一個分歧是攤手時的角度問題，因為有些拳家認為攤手時的是「攤開之手與攻出之手是平行的」，有些則要求「攤開之手與攻出之手（臂）的間距是一拳（約 10 公分）」，不過，這樣就好像用來防護的手缺乏足夠的支撐力。當然攤開之手與攻擊之手間的間距太大也不好，因為這樣攤手時雖然有力，卻暴露出的空門太多，況且攤手也不是你的目的，它同樣只是你達到目的一種手段。最為重要的是，「攻」與「防」之手需同步打出（圖 212），而不可脫節，以免留給對手逃跑的機會。攻出之拳不但須由「中線」打出，而且同樣須用「寸勁」在瞬間殺傷對手。再者，不僅要求攻出之拳須由中線打出，就是單純的「攤手」亦需由自身「中線」攤出（圖 213）。

1.練習方法

練習時，我方以前鋒樁對敵（圖214），當對手搶先發起右拳向我方上盤攻來時，我方仍需在其拳頭快擊至體前的瞬間才迅速做出動作（圖215）；而用左手由內向外輕快、短促、及時地去格擋敵方右腕，同時突發右拳由中線去猛烈創擊敵面門（圖216），攻敵措手不及。隨後，在繼續向前上步以保持己方最為有利的打擊距離的同時，連續發出左、右兩記直沖拳連連擊打敵方頭面部致命要害處（圖217、218），用以最大限度的殺傷對手。如果這時仍未能擊倒對手，你可再補上三記重拳連擊，以便徹底摧毀其戰鬥力。

在實戰搏擊中，你也可以用「右攤手」去向外擋開對手的重拳打擊，而速用左沖拳去狠擊對手面門（圖219）。

　　具體進行動作技巧練習時，可讓陪練者一手持靶一手出拳進行打擊，你則在一手向外擋開其攻擊的同時，疾出另一手去猛擊對方置於其面前的拳靶，從而使動作、反應、速度、雙方的協調配合能力及實戰意識都得以同步提高（圖220）。

2.動作要求

　　「攤手」最基本的要求是「消打合一」或稱「削打合

圖221

圖222

一」（「削打同進」與「攻防同步」），也就是「攤手」與「沖拳」必須在幾乎同一時間內完成，而不可一前一後，否則將無法真正體現攤手的價值。早在前面就已經講過「削打合一」的動作與別的拳派的「一防再一攻」的「兩步走」的模式相比至少要快一倍，所以，此種「後發先至」的「反被動為主動」的打法將令對手很難防禦，甚至根本無法防禦。為了將攤手練至「本能化」狀態，你可利用一切可利用的時間與器材去進行練習，例如用雙槍一端便可用來有效地練習攤手（圖221、222），而不一定非得用木人樁。

「攤手」時攤開之手的肘部不得貼於身上以免影響整支手臂的靈活性，也不得將肘部伸離身體太遠，以免失去「肘底力」的支撐。另外，肘與身體之間的正確距離是以一拳為宜，也就是約10公分左右。而且攤手時肌肉不可過於緊張，以免使手臂變得僵硬。重要的是，攤手只是打開對手防禦（大門）的一個突破口，所以緊接其後的一連串重拳狠擊一定要迅猛、強勁，並從內在意識上就必須用拳

去「穿透」或「轟碎」目標，整套動作要一氣呵成。

在你學習了攤手與沖拳在實戰中的結合運用後，應該對詠春拳在防禦反擊中的特點有了一個更深的瞭解。當然，此種動作必須練到純熟或達到「自動化」狀態才能在實戰搏擊中運用自如，正所謂「熟能生巧」。無論是「拍手」還是「攤手」，它們都可迅速擋開並瓦解對方的攻勢，但是它們的這種「擋」本身卻無法去有效殺傷對手，也就是說，詠春拳中還有一種在「防」的同時，便可去「破壞」對手攻擊武器的更為犀利的防禦手法「耕手」，這便是下一課中我們所要講授的「耕手沖拳」練習。

第十九課 「耕手沖拳」練習

在詠春拳中，「耕手」通常是與「日字沖拳」結合在一起使用的，就像西方武士手中的盾牌與利劍是最佳配合一樣。「耕手」是由上向下斜直線削出的一種打擊力極強的防禦手法，它是以肘部突然爆發出的強大的「爆炸力」而推動防禦之手的尺骨部分或掌緣（肉厚部分），去削擊對方的相對來說較為脆弱的手腕，這樣既可「卸」敵攻擊之力，又可使其攻擊之手臂痛苦不堪，實可稱得上是「一舉兩得」。

但是，耕手的動作不能做得過大，以免與後面的「括手」相混淆，也就是它在「削」出時通常不會越過身體的「中線」（圖 223），以免影響身體整體勁力的發揮。

記住，「耕手」運用的是發自肘部的短促的勁力，而且它只有與「沖拳」同時使出，才可體現詠春拳「攻防同

圖223

圖224

步」的技擊特點。

　　具體練習時，應先練習單獨的「耕手」動作，直到它能發出極強的「殺傷力」之後，才可配以沖拳去進行同步練習。以免因過度注重沖拳的勁力的發放而忽略了「耕手」的有效發揮。

圖225

1.練習方法

　　先以「二字箝羊馬」站立（圖224），當對方先用低位拳法向我方中盤攻來時，我方速用左手向下削截敵方攻來擊臂的腕關節（圖225），將敵方攻擊有效的破壞掉。謹記，應在敵方拳頭擊至己方體前的瞬間才能去「削截」，以免動作過早而致使對方半途改變動作路線。並且要左右手兼練以全面發展自己。

圖 226

圖 227

圖 228

圖 229

　　實戰運用時，我方以前鋒樁對敵（圖 226），若對方搶先發起攻擊時，我方應沉住氣以便靜觀其變（圖 227）；並在其手臂即將打直而無法回防之際，才迅速將左手向下斜向削出而去直接「截打」敵手腕，同時我方的右沖拳亦已狠狠擊中了敵方面門致命空檔處（圖 228）。而且不應就此罷手，而應發起一陣連環快拳去最終擊倒對手（圖 229）。

　　進行模擬練習時，可先用一手削擊同伴攻出的手臂，

同時速用另一手去打擊其置於面前的手靶（圖230），由此培養你雙手「攻防同步」上的協調性。無論是實戰運用還是單操練習，剛開始時你的手臂的尺骨或掌刀（根）可能都會略有痛感，這很正常，你可利用以該部位去擊打木人樁的手臂或沙包來磨練其殺傷力與硬度。

2.動作要求

「耕手」削出時不可離身體太遠（圖231），以免影響削擊勁力的發揮或由此而暴露出空門。其次，「耕手」亦不能太過於接近身體（圖232），也就是不能離身體太近，因為這樣同樣無法將削擊勁力發揮出來，而且還有易被對手擊中的危險。

（圖233）所示就說明了右手的動作已做得過大，而變成了「括手」了。當然，無論是「耕手」或是「括手」，在下面一手防護的同時，上面之手必須同時打出，從而做到「攻防一體化」，亦即「攻防同步」。

「耕手」的速度要快，只有速度快才能產生瞬間的打

圖232

圖233

擊力，但是卻不可刻意將動作做得過大或太僵硬，以免影響另一手上的拳打動作。無論是「耕手」還是「沖拳」都不可使肌肉過度緊張，因為肌肉緊張勢必會造成肢體僵硬，而一旦肢體僵硬則勢必會造成力「束」而不能「放」之弊端，這樣不但會影響「耕手」的速度，同時亦會嚴重影響沖拳的打擊力度。

在實戰中運用「耕手沖拳」時，同樣應著重手腳的良好配合，而不僅僅是兩手的配合，也就是不但要求在進步沖前時以耕手配合沖拳打出，更注重沖拳與整個身體衝刺的「同步」配合，而絕不可停下步來發拳，否則便不是詠春拳了，切記。

以上所講的都是在格擋敵方攻擊的同時去迅速打擊對方的方法，那麼，在格鬥中或在街頭巷戰中當歹徒以其強有力的手將你的右（左）腕牢牢抓住時，你又如何去反擊呢？或者說在敵方非沖拳攻來時，己方如何化被動為主動呢？即當你的一支手被對方抓住的情況下你還能不能「連削帶打」呢？答案當然是「能」。因為詠春拳中專門有一

招「脫手沖拳」就是用來對付這種情況的。

第二十課　「脫手沖拳」練習

當別的拳派的練習者被對方擒拿住或控制住時，通常都是採取反擒拿的方法進行解脫，但是，這卻需要你有相當強猛的勁力才能做到解脫成功，也可以說要耗費相當多的力量才能達成目的，而且解脫也是比較慢，還有可能尚未解脫便早已挨上了對手發自另一手的重力打擊，如此一來實是得不償失。

當詠春拳手面臨這種情況時，其原則還是以「巧」制敵，因為有一句話叫「逢拿必打」，只有快速、及時、有效、果斷地擊打，才是解脫敵方擒拿並迅速脫離困境的最佳方法，因為直接擊打在對手肢體上的痛感，要比反擒拿所帶來的痛感要強烈、明顯許多。重要的是，一旦脫打開對手的控制，那麼，另一手便可去迅速打擊對手，也就是說，這種以「打」代「拿」的解脫方法在反擊速度上要快捷很多。

左手上的下擋動作基本上是由「中線」位置向下短促而迅捷地「耕」出，目標為對方較為脆弱的腕關節，左手運行的路線也基本上是一條直線，而且左手上的動作不得太僵硬，等動作做到位後，整條手臂也基本上是略為彎曲的，因為若手臂太直定會影響整條手臂的靈活性。

1. 練習方法

練習時，可假設己方的右手腕已經被對手的右手牢牢

圖 234

圖 235

圖 236

圖 237

抓住（圖 234），這時不待對手進一步做動作，我方便速揮左手由上而下去削打敵手腕這一薄弱環節處（圖235），迫敵鬆手（圖 236）。但是，我方還應在敵鬆手的瞬間將右拳迅速攻出，目標是對手的下巴（圖 237），以便將敵制伏；為了不錯失良機，可在右拳打擊後回收的瞬間連續攻出左拳去重擊（圖 238）；最後又是一個更為強猛的右沖拳狠擊（圖 239），當然此三拳全都是打在一個落點上，以便重點突破。

圖 238

圖 239

2.動作要求

圖 240

左手削打敵方手腕的同時，右手可配合有突然向上提拉的動作，即以雙手互助配合而產生的一種上下交錯的「剪切力」去加快對手鬆開手的速度，並由此加大對手右手臂上的受創傷程度。

同時右手上的這個突然向上的提拉動作還可使自己的右手更快地到達對手的面部，因為在你向上提拉之前它是置於腹前，故而距離對手的面部空檔較遠；但是，在向上提拉之後你的右手則已置於胸前，距離對手面部已經相當近，故可大大提高打擊的命中率，這也是一個很容易被忽視的關鍵要素。

那麼，在實際運用中當對手以其左手抓住己方右腕時，又如何去解脫呢（圖240）？其方法與上面略有不

同，不同之處是由於對手的右拳已揮起並正在擊來，所以我方必須在向右側快速「轉馬」以偏離其正面打擊範圍的同時，再速用左手去由上向下突然削打敵方腕關節（圖241），這樣既可躲過對方的右拳重擊，又可更容易地解脫對手的抓拿。當然最為重要的是，我方應在轉馬到位的同時，疾用一記快如閃電的右沖拳，去準確地創擊敵方頭部右側致命空檔處（圖242），並力求「一招制敵」（如對手反應快而避過己方右拳時，可速起右腳去迎面狠踢其前腿之膝關節或脛骨等薄弱環節處）。

在本課中所講的兩種解脫與反擊方法，都要求向下「削打」敵腕關節時要快而突然，當然剛開始時己方的手臂可能會有些痛，但對方的手臂將會更加痛，因為我方是施力方，而對方是受力方，並且隨著練習時間的增長，這種痛感自會逐漸減弱。

重要的是，己方的反擊之拳必須快而準確，以令敵防不勝防。而且要連續發起反擊行動，雙手亦需始終由「中線」連環攻出，在力保己方「中門不失」的情況下才去最

大限度地殺傷對手。（圖243）為李小龍所示範的傳統的木人樁的練法，該動作則重點練習己方手臂下側的硬度與破壞力。

圖243

本課主要講述了被對手抓控住手腕時進行有效解脫，並由此順勢制敵的方法，但是，當你在街頭上碰到一個用手抓住你的衣領並進行嚎叫或準備發起攻擊的對手時，你會怎麼辦呢？

用削打解脫的方法肯定不行，因為他的手太高；用反擒拿亦似乎不妥，因為對手既然用左手來抓你的衣領，那麼其整體的勁力肯定很大而無法施展反擒拿來去制伏他。當然，制伏他的辦法肯定是會有的，因為第二十一課就是專門講解如何及時、有效地處理這種情況的方法。

第二十一課　「撥打沖拳」練習

本招法實際上是一個「轉馬」動作的發揮與靈活變通，因為在生活中當歹徒用手抓住你的衣領時，大多是在面對面的情況下突然實施的（圖244），這時你的突然的「向左轉身（馬）」的動作可使自己的右肩（或上臂）將對手的左手「磕」開，這時即使無法使其左手鬆脫，也會使己方因變成了側身動作而基本上避過了對方右手所能打擊到的範圍。

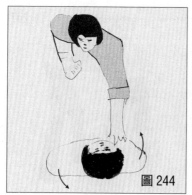

圖244

圖245

　　當然，己方的迅猛的轉身動作亦會致使對方變成側身動作，亦即左肩前送而右肩後收，他的右肩一後收便延長了攻擊距離（圖245），所以對己方來說讓對方也變成被動的側身動作可大大提高自身的安全係數。

　　當己方在猛然轉體的同時，應迅速打出兇猛有力的右沖拳去突然重擊敵方。在這裏，只要你的轉身或「轉馬」的動作快，可保證你的右拳之重擊百發百中，因為你的右手距離對方的肋骨很近；其次，對方此時正將注意力集中於攻擊而非防禦上，故可擊敵以措手不及；再者，身體在閃避上的靈活性與頭部相比也差很多，也就是，己方的頭部可迅速避過對方的正面打擊，而對方的身體之轉動就沒有己方的頭部快。

　　此外，肋骨還是人身上最脆弱的要害部位之一，受打擊後，不僅肋骨容易骨折，而且肝臟、脾包膜也容易破裂，並能引起內臟出血。所以，有效地打擊與重擊狂徒的這一要害部位，可收到「一招制敵」的效果。

圖 246

圖 247

1. 練習方法

假設當你在行走中被一惡徒由正面用左手抓住了衣領時（圖 246），你可突然向右轉體而變成「側身對敵」以有效避過對手正在打來的右手重拳；同時左手亦已不失時機由右至左迅速「撥打」敵左腕以令其脫手，而此時右拳亦已狠狠擊向敵方肋骨這一致命要害處（圖 247），以便徹底摧毀其戰鬥力。由於我方是「轉馬（身）、撥腕、擊肋」三力合一，故可迅速解脫對方的抓拿，但為了進一步制伏對手，可連續攻出左沖拳去猛擊敵面門（圖 248）；接下來又是一記更為強勁的右沖拳「補充打擊」（圖 249），以擴大戰果。當然，如此「一連三發」必可制敵於瞬間。

進行模擬練習時，可讓陪練者穿上護具進行適應性練習，以免無意中打傷對方。

2. 動作要求

轉身、撥腕、擊肋三者應同步進行，以加大對手受創

圖248

圖249

傷程度，並由於己方是上下同時啟動故可縮短反應時間，這種反應時間的縮短又大大減少了對手出右拳攻擊的可能性及右拳打擊後的命中率，也就是，應不待對手將右拳打出我方就應「後發先至」而搶先出右拳去狠擊其致命要害處，然後用一連串的足以將其打癱在地的連環攻擊將其制伏。

　　己方的所有攻擊動作都應由中線攻出，以減少對手閃躲的可能性，並須配合步法向前猛烈沖擊的慣性，以「足借手威，手借足勢」將對手連根「拔」起並猛然「撞」（打）飛出去。

　　到本課為止，主要講解了詠春拳中步法的練習及日字沖拳的功力訓練和實際應用，因為日字沖拳是拳法中的骨幹拳法。但是，如果你學習拳術的目的是為了自衛，就還有一種相當實用的技術需要學習，這就是在下一課中要講的「標指」。「標指」也可以說是拳術中最為兇狠、快速的攻擊武器，因為它主要用來攻擊對方的眼睛，所以非到萬不得已不可濫用。在本門拳法中，最高級的套路便是繼

「小念頭」與「尋橋」之後的「標指」。

第二十二課　「標指」練習

中國武林中自古以來就有三大「毒招」：插眼、踢襠、鎖喉，又分別叫「二龍戲珠」、「葉底偷桃」與「黃鷹捏嗉」。其中這「插眼」（二龍戲珠）便基本上類同於詠春拳中的「標指」。標指為什麼這麼厲害呢？因為它是「伸掌」進行攻擊，故攻擊與作用距離要比拳法至少遠出10公分，從而在命中率上要高過拳法，至少從理論上講是這樣；其次，「標指」的動作輕快、突然、敏捷、凶狠，故對手極難防範。

由於標指在長度上佔有優勢，因此，可以稱得上是「攻擊與截擊的第一線」。有些讀者可能擔心自己的手指上沒有足夠的力度，但事實上這種擔心是多餘的，因為你的手指主要用來攻擊對手的眼睛或咽喉等最為薄弱的環節與要害部位，對於此等部位哪怕僅僅是輕微地一個「觸點」動作，也能致使敵方瞬即失去戰鬥力。

你可以試想一下：當你的眼睛什麼也看不到時，你還能幹什麼？看來本門拳術在創立之始的目的很明確，就是要用狠招來迅速制伏強敵。

1.練習方法

首先，你應先學會「標指」的正確手型，也就是微屈較長的手指，使之與較短的手指相適應（注：在這裏專指李小龍傳下來的標指），同時拇指內扣貼緊手掌，使整個

圖 250

圖 251

圖 252

手變成一支尖銳、鋒利的「矛」（圖 250）。

　　「標指」仍需由「中線」上徑直攻出，以便「守中用中」（圖 251）。（圖252）為李小龍當年所示範的前（右）手標指，從圖中可以看到他的右手之中指是「略為彎曲」的，用以防止在「刺、戳、插」對手時受傷，而且在他前手進行攻擊的同時，後手也已同時進行了良好的防護。

　　當然，要想提高手指前插的速度，就需要你去進行大量的訓練，例如常用的方法是在一張紙上探一個洞，或是挖兩個小洞也可以，接下來就是用手去快速向前插擊前面的洞，當然如果你去插擊下面的兩個小洞時，便不屬於詠春拳的範疇了。無論你是去插擊上面的單獨的洞還是下面的兩個小洞，動作都需放鬆地攻出，以保持順暢的攻擊速

度。而且隨著你在「插擊練習」上花費時間的增長，你的插擊準確性和速度也會越來越快，越來越準。謹記，「標指」應像本門拳術中的其他攻擊技巧一樣，應不帶任何後縮（預動）動作地向前突刺。

　　在實戰中練習時，我方仍以前鋒樁對敵（圖253），當敵方先發起攻擊並揮右拳攻來時，我方可速用左手向右側進行拍擋，將敵方的重擊從「中線」上拍開（圖254），同時己方的右手應不失時機的由「中線」攻出，目標是其最為薄弱的眼睛要害處（圖255），給予對方以致命性創擊。我方這一「攻防合一」與「攻防同步」的後發先至之快招不僅可有效地消解對手的兇猛攻勢，更可由此去「快速」制伏對手，當然你也可根據實際情況決定是否再發起一連串的致命連擊。

圖256

圖257

圖258

圖259

　　在街頭格鬥中，當歹徒從後面死死地抱住你的身體時，你的迅速地向後刺插敵眼睛的動作可助你立即解脫上述被動狀態，而且此招法特別適合於女性在自衛中使用。

2.動作要求

　　手必須放鬆的向前徑直攻出，為了強化訓練標指攻擊的「快速度」與攻擊的「連續性」，詠春拳提倡進行「前後手快速交替」插擊練習（圖256、257、258、259）。其

圖260

圖261

最基本的要求是雙手應從「中線」交替輪流攻出，以便於「守中用中」和加快攻擊速度，從（圖258）中可以看出每攻出一手它都是由上「壓」著（實際上是「貼著」）另一手的手背攻出的，這樣做的目的同前面幾課講解的「連環沖拳」一樣還是為了更好的做到「守中與用中」，以便有利於提高打擊時的密度（頻率）。

運用這種技術無須十分用力，相反，準確性和速度卻是至關重要的。像其他技巧一樣，你只有經過不懈的練習才能逐步掌握這種高效而極為兇狠的攻防武器，而且最好是在精力充沛之時去訓練這種精妙的技術，因為疲勞時容易影響這種精細的技術的發揮。

做為一種高效的格鬥妙技，你還可以在用左手由內向外擋開對方的右手重拳的同時，果斷攻出「右標指」去狠擊敵方雙目（圖260），也就是由「內門」去「削打」敵攻勢。或是用左手向右拍開對方的左拳的同時，突發右標指而貼著敵左臂內側向前去狠擊敵雙目（圖261）；以及用左手向下拍開對方的右低位拳法的同時，迅速攻出右標

圖262

指去有效地攻擊其面門（圖262）。記住，需兩手齊發以增大打擊的突然性。

有些人可能會擔心自己的手指一旦擊中對方的額頭時可能會受到損傷，但只要你按前面介紹的有關「準確性」的方法（插紙）去練習，通常是不會插到對方額頭的。而且只要你按要領握手型去攻擊，一般是沒有問題的，況且標指亦有專門的功力訓練用來提高它的承受能力與攻擊力度，這就是下一課主要講授的內容。

第二十三課 「標指功力」練習

雖然攻擊對方的眼睛並不需要很大的力度，但是，經過一段時間的專項功力訓練後，必可大大提高你在指戳攻擊時的速度和力度。況且當你面對一位格鬥高手時，你的毫無功力保障的攻擊並不可能會具有多大勝算。雖然「指功」的訓練並非一朝一夕之事，但對自衛來講，只要掌握了上一課中所講的要領後，再略為經過鍛鍊一下，就已經足夠了，因為街頭制敵靠的是「突然性」，以便攻敵措手不及。再說，「標指」亦非最終制伏對手的武器，它除了可損傷對手的眼睛外，還可作為虛招與假動作為別的重招作開路先鋒。你可以從今天就開始進行標指功力的訓練，本課程為四個月的濃縮訓練，在結束之後你想進一步提升

圖 263

圖 264

的話，應依法繼續苦練，因為藝無止境。

1.練習方法

（1）「插擊手靶」練習

進行有關實戰的模擬訓練時，你仍可以用左（右）手拍開陪練者攻來的右（左）拳的同時，迅速以右手「標指」去插擊對方置於面前的手靶（圖 263），用以進一步訓練你的雙手的協調配合能力，以及刺插速度和手指的插擊硬度。

（2）皮革靶練習

李小龍的方法是將一塊 60 × 40 公分（或 50 × 50 公分）的皮革固定在一個架子上，然後按要領進行插擊練習（圖 264），由於皮革具有一定的彈性，所以不會損傷你的手指，使你能循序漸進的獲得理想的手指硬度和攻擊力。

（3）指臥撐練習

也就是以手指支撐身體進行俯臥撐訓練，剛開始時可以用雙手的十指進行練習（圖 265、266），然後再逐漸過

圖265　　　　　圖266

渡到四指、三指進行練習，當你用兩個手指仍然能進行練習時，便證明你的指力已經相當可觀了。

（4）插牆靶練習

剛開始練習時，牆壁靶宜軟不宜硬，以免損傷手指。戳擊時可以單手連擊，也可以雙手連環攻擊，不過

圖267

手均需由中線「攻出和收回」，且手上的動作應綿密、緊湊，並應帶有敵情觀念去進行快速插擊練習。

（5）插沙練習

雖然本門傳統的練功方法中沒有這一訓練手段，但李小龍卻大量採用過這一方法（圖267），而且訓練效果不錯。事實上，這是有關指力訓練上的一種強化練習。訓練時可將一木箱中盛以河沙進行向下插擊練習，也可以用一個盆在裝滿沙子後，放在凳上進行下插練習。記住，功成

後不得隨便以指「擊」人，以免產生不必要的嚴重後果。

2.動作要求

由於手指的承受能力較差，所以一定要循序漸進地進行練習，以免因手指受傷而影響整體的練功進度。而且練功後一定要活動並按摩一下手指，以舒筋活血。進行擊靶練習時，一定要把靶當作你的「敵人」般地去擊打，以免養成掉以輕心的壞習慣，因為「靶」是死物而只能承受你的攻擊卻不會還擊你，這種壞習慣能使你在真正的搏擊中遭致慘敗。

所以，李小龍便要求你擊靶時，自身要始終守得嚴密，並不可無精打采地去打（因為將來你的對手可不會無精打采），而應充滿鬥志和滿懷信心地去進行訓練，並要求需在保證手指安全的基礎上去全力插擊。

作為一種靈活的戰術，標指不僅可用來直接攻擊對手的要害部位，更可作為虛招來為其他「重型」招法狠擊創造極為有利的條件。例如，先突發左標指去佯攻敵面門（圖 268、269）；在對方進行格擋或閃躲的同時，疾發右沖拳重擊敵下巴（圖270），將敵制伏。

本招法與指功練習雖沒有直接的關係，但指功的優劣卻始終影響著招法的發揮，它們兩者實際上是相輔相成的。

圖 268

圖269　　　　　　　　圖270

　　有關標指技法和功力練習的方法就介紹到這裏，到此為止，詠春拳中的主要上肢攻擊武器「拳、指、掌」中就只剩下「掌法」沒有講解了，不過你不用著急，因為下一課中所要講述的內容便是搏擊中的又一犀利武器的練習與運用——「正掌攻擊」。

第二十四課　　「正掌攻擊」練習

　　詠春拳中的掌法在種類上要比拳法多，如「正掌、側掌、昂掌、鏟掌」等等，詠春拳為什麼又注重掌法和掌功的練習呢？原因是每個人的掌根（骨）先天就十分堅硬，也就是基本上不需要什麼磨練就可成為一件極為有效的殺傷性武器（例如很多國家的特種部隊便都很注重掌法和掌功的訓練及運用）；其次，是它不用握拳而直接出擊，故從起動至到達目標的速度上要快捷許多，因為它節省了你握拳的時間。況且，掌擊（尤其是正掌）主要用來打擊對方的下巴或者心窩等極為脆弱的要害部位，特別是下巴，

受重力打擊後很容易使人的大腦受到震盪而立即失去平衡站立的能力並昏迷，所以，在很多速成格鬥術訓練中，都有這一招「正掌打下巴」，因為它同日字沖拳一樣都具有立竿見影的打擊效果。

高水準的詠春或武術高手運用強猛的掌力還很容易損（震）傷對手的內臟，因為掌法攻擊同樣具有日字沖拳打擊時的「震盪力」與「穿透力」（拳與掌的發力基本上是相同的），因此，在前面已掌握好拳法的基礎上再在本課中打好「掌法」是完全沒有問題的。

此外，由於掌擊時接觸目標的面積較大，所以雖不能致敵立即骨折或是流血，但卻比拳法更能將敵方「發放」或「打飛」出去。

1.練習方法

首先，進行「正掌」的基本技術訓練，也就是說正掌仍需由自己的「中線」徑直打出（圖271、272），以便「守中用中」。至於腳下是站成「正身馬」或是「側身

圖271

圖272

圖273

圖274

馬」都可以，因為只有將雙手由「中線」打出才能最快及最有力的擊中敵方的下巴。而且當任意一手攻出時，另一手都須進行良好的防護（圖273），亦即做到「攻守合一」。

圖275

　　在詠春拳的第二個套路「尋橋」中就有一組連環掌法的練習，也就是練習以凌厲而疾如狂風暴雨般的連環攻勢一氣擊潰對手。

　　具體運用方法如下：我方以前鋒樁對敵（圖274），在對手猛發右拳攻來的瞬間，我方可在其拳頭即將擊中身體的同時迅速用左手由左向右去拍擋（圖275），以卸敵攻勢並迫敵改變其原有的攻擊路線或喪失其原有的打擊勁力。正因為詠春拳的技擊動作都是攻防同步進行的，所以我方在左手拍開對方拳法的剎那間，右掌亦已重重擊中了

敵方面門這一致命要害處（圖276）。為了最終制伏對手，可再在右手回收的同時，迅即攻出左掌去連續狠擊敵面門（圖277），接下來又是右掌猛擊（圖278），目標都是對方上盤之同一個地方，以獲取足以致命的打擊效果。

當進行模擬訓練時，可再在用左手擋開敵方右手攻擊的同時，突發右掌由「內門」去打擊對方置於面前的手靶（圖279），接下來是左掌的快速連擊動作，使速度、準確性、殺傷力及實戰意識均得到同步提高與鍛鍊。

圖 280　圖 281

2.動作要求

　　無論是右掌攻擊還是左掌攻擊，都需在身體適度放鬆的狀態下進行快速打擊，因為有「鬆」才能相對的有「緊」，如果你的身體始終處一種繃緊的僵硬狀態下，你可以嘗試一下是否能打出詠春拳所特有的短促而強勁的「爆炸力」來？當然不能，因為它沒有產生驚人爆炸力的前提條件。正如李小龍所說：「放鬆的狀態能使自己的精神與肉體的功能均趨於最大的發放極限，並使自己能自由地運用身體各部位的機能。同時，放鬆還是一種保存體力的絕好方法。」另外，作為一種靈活的戰術變化，你亦可在用左手向內側拍開敵方右拳的同時突然用右掌正擊敵心窩這一要害處（圖 280），予敵以致命重創。

　　同日字沖拳及標指的練習一樣，你都需在進步以創造最佳打擊距離和創造最大的沖擊勢能的同時，果斷出掌予敵方以最有效力（連環）的打擊。（圖 281）所示為己方用「攤手」外擋敵方的重擊後的右正掌的迅速打擊方法。

至本課為止，詠春拳中的主要攻擊手法（最基本的攻擊手法）已基本上介紹完了，由於是濃縮訓練，所以我們只選擇那些簡單、實用、易學、易用的技術來進行練習與運用。此外，尚有一種補充性的重擊手法仍值得我們去研究和學習，那就是「側掌」（又名「殺頸手」）練習。

第二十五課　「側掌」（殺頸手）練習

在詠春拳中，「側掌」雖然兇狠，但卻不如「正掌」好用易練，雖然詠春拳也將此列為「致命招法」之列，但卻需要你付出一定的努力後才能掌握它。

「側掌」類似於日本空手道的「手刀」，但卻比空手道的「手刀」更具威脅性，因為空手道的手刀雖看似威猛但卻因為動作幅度太大，故而易被對方避過。詠春拳中的側掌雖然動作幅度小，但由於動作突然、短促，用的是瞬間的「寸勁」，故真正作用在目標上的力道並不比空手道的手刀的破壞力小，甚至在力道的「滲透」方面可能要勝過空手道許多。

詠春拳的發力短脆、猛烈是一個極大的優勢，由於「側掌」同樣是要求「攻防同步」而講求雙手的高度配合，故而在實效性上要勝過空手道及其它拳道很多。既然是「殺頸手」，很自然己方的招法是用來針對對方的頸側或咽喉這兩個致命要害處的。

它出擊時通常是以手心朝下的「陰掌」打出，攻擊的著力點是掌根或掌緣的肉厚處（通常此處最具有破壞力），如果是以手指部分去打擊目標的話，則不但無法打

圖 282

圖 283

痛對手，可能還會由此損傷自己的手指，謹記。

1.練習方法

圖 284

「側掌」雖然帶有一個「側」字，但其實它是由人體的正面打出的，即從「中線」果斷打出（圖 282），而且在右手打出時左手應進行良好的防護，做到「攻防合一」（圖 283）。如進行雙手連擊練習時，可以將手從另一手的上側直線打出，同時也可以從另一手的下側打出，這一點與「日字沖拳」及「正掌」等是略有區別的。

在實戰中運用時，我方與對方「手搭手」（我方可以擺「正身馬」，也可以擺「側身馬」）對峙或是對方先揮拳沖來（圖 284），當對方搶先發力攻來時，我方可借敵方沖前之慣性勢能，而以右手順勢向右後方牽化敵方右腕

（圖285），以致敵失去重心平衡。

本招法得以成功實施的關鍵，是左手能否在右手向後牽拉敵右腕的同時迅即向敵方喉頸攻出（圖286），即以前後手「前後交錯之合力」去突然重擊對手。為了進一步擴大戰果，可再在左

掌回收並順勢向下壓下敵右臂的同時，閃電般的攻出右沖拳去連續狠擊敵面門（圖287），予敵以重創。

詠春拳另一大技擊優點是己方的手臂如「蛇」一般，一旦與敵方橋手接觸便將之順勢牢牢封住或死死纏住，使之欲攻無方、欲退不能，而猶如陷入泥潭中一般，有力沒處使，並在一瞬間遭致我方的一連串致命性創擊。

做為一種靈活的戰術運用，己方還可以在用左手由外（右）向裏（左）擋開敵方攻來的左拳的同時（圖288、

289），將右掌由敵方左臂下巧妙而迅速地攻出，狠狠打向敵方的咽喉或肋骨等足以致命的要害處（圖290），將敵方徹底制伏。

另外，己方還可由「內門」去迅速重擊對手，也就是先以左手向外擋開對方的右拳，再同時疾以右掌狠狠殺向敵方右側頸部致命空檔處（圖291），力求一招制敵。

圖 292

圖 293

2. 動作要求

必須隨時注意到對方的一舉一動，以便決定該如何採取切實有效的對策。一旦對手有所動作，我方便應「後發先至」而雙手齊出，予敵以「迎頭痛擊」。側掌的動作雖不如正掌容易掌握，但經過反覆練習後亦可同樣自如施展開來。當然你應儘量減少猶豫不決的抉擇性反應動作，因為遲緩和猶豫是詠春拳的大敵。

附加講解的是，詠春拳中還有一種頗為強悍而凌厲的掌法打擊技巧——「鏟掌」，這是一種手心斜向上迅速打出的招法，主要用來創擊敵方的下巴或頸側等要害處（圖292、293），並多在一手控制住對手的手後才施展出這一狠招，而且雙手可以連環打擊，以追求最大的殺傷效果（圖294、295）。當然用這一招法來重創對手的肋骨時亦是一記高效良招（圖296），並可更快打得對手癱倒在地，因為軟肋是人體最為脆弱的要害處之一，極容易擊折，且痛感極為明顯。

圖294

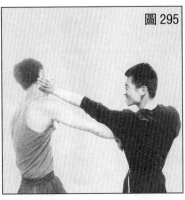

圖295

圖296

　　至此，詠春拳中的手法技巧基本上講完了，從下一課開始講授大家最為關心的腿法技巧。

第二十六課　　「正蹬腿」練習

　　在這裏，首先大家要轉變的一個觀念是：詠春拳並非「有手無腳」，相反，腿法卻是詠春拳中的高級課程，只是初學者根本無法學到此等高深的技術。由於腿法多用來

圖297　圖298

傳授給入門弟子，所以，也就致使大多數人無法掌握到腿法這一極為厲害的攻擊武器，正是由於這方面的原因，才給人們造成了一個詠春拳「有手無腳」的錯覺。

詠春拳腿法最大的技擊特點是「起動快」和「無預動」，也就是說，它是在自身身體沒有任何前搖後擺的前提下突然出腳的，故往往可以打對手一個措手不及。原因很簡單，只要你的身體一後仰便暴露了你自己「欲起腳」或是「正在起腳」的意圖。正因為你是在身體沒有擺動的極為穩固的情況下「起腳」和「出腳」的，所以，你的踢擊威力才能發揮至極限，以及大大提高踢擊的命中率。試想一下：你連自身都站不穩，在七搖八晃的情況下又怎能有效地出腳去踢擊對手呢？「如果無法在任何時候保持良好的平衡，則絕無效果可言。」（李小龍）

1.練習方法

練習時，由正身樁開始（圖297），我方上體仍保持擺樁的姿勢不變，而下肢則果斷地向前上方屈膝提起（圖

圖 299

圖 300

圖 301

圖 302

298）；然後在呼氣的同時以膝關節發力而將右腳迅速向正
前方踢出（圖 299）。記住，此時你的上身需沒有任何變
動。而且一般情況下是「高不過腰」，以保證能以最快的
速度和最大的踢擊威力去重創對方。（圖 300）為李小龍
早期所示範的「正蹬腿」，從圖中可以看到他攻出的腳是處
於自己的「中線」上，即出腳攻擊時仍需要做到「守中用
中」。（圖 301）為正蹬腿的高位示範，雖然它的威力巨大
但卻較少用到，因它對基本功的要求較高。（圖 302）為李

圖 303

圖 304

圖 305

小龍的入室弟子嚴鏡海所示範的中位正蹬腿，從圖中可以看到他在踢腿的同時已用兩手進行了良好的防護。

「正蹬腿」也可以由前腳直接提膝踢出，亦即由「前鋒樁」直接出擊。方法是先提膝以「蓄力」（圖303、304），然後由中線迅速向正前方果斷踢出（圖305），目標是對方的心窩或下腹（包括襠部）等足以致命的要害處。雖然是由前腳直接攻出，但它並不會因為攻擊距離的縮短而影響你的踢擊力度，因為詠春拳講求的「瞬間爆炸力的運用」，故距離的遠近對它來講並不是最為重要的因素。相反，由於距離的縮短和接近，反而使你能更快的接近和踢中目標，這也是詠春拳腳法命中率極高的一個重要原因。

謹記，可兩腳左右循環踢出，以全面發展自己的下肢

武器。剛開始練習時，可先手扶支撐（輔助）物進行踢擊練習（圖306、307），待熟練後再按上述方法由「擺椿」去踢擊。

2.動作要求

一定要在保證上體穩固的前提下出腳進行踢擊，也就是在有把握的情況下才大膽出腳，而非盲目出腳亂攻，以免遭受對方的迎頭反擊。踢擊時，身體需適度放鬆，以保證順暢的踢擊速度。在外行人看來，好像詠春拳的腳法輕飄飄的，又是從近距離上發出的，故而認為不會有太大的威脅，這實際上是給他們的一個錯覺，因為詠春拳的腳法在擊中目標之前是輕飄飄的，但一旦觸及目標便馬上將力道「滲透到目標裏面」或將目標「穿透」，這便是「寸勁」的高超運用。

另外，下肢進行踢擊時，上肢仍需進行良好的防護，以準備抵禦對手任何可能的發自其上肢的突然性打擊動作，甚至是「腳手齊出」，以「雙管齊下」之勢而令敵方

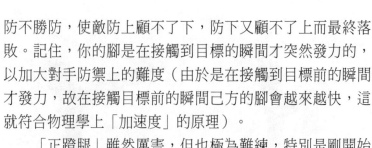

防不勝防,使敵防上顧不了下,防下又顧不了上而最終落敗。記住,你的腳是在接觸到目標的瞬間才突然發力的,以加大對手防禦上的難度(由於是在接觸到目標前的瞬間才發力,故在接觸目標前的瞬間己方的腳會越來越快,這就符合物理學上「加速度」的原理)。

「正蹬腿」雖然厲害,但也極為難練,特別是剛開始練習時的穩定度就是一大關,不過車到山前必有路,任何問題都會有解決的辦法,因為在下一課中便會具體教給你如何在最短的時間內練就最好的下肢的平衡能力。

第二十七課 「腳力平衡」練習

雖然用幾天的時間無法使你練就良好的下肢支撐能力,但起碼為你指明了以後修習的方法和道路,而且幾天的練習也可使你充分認識到平衡在格鬥中的重要性。況且下肢的平衡支撐能力也並不像人們想像中的那麼難練,人們每天走路或跑步已經具有良好的平衡性,現在只是把這種平衡意識和能力進行轉換。當然,也只是大家以前沒有意識到這些方面的要素或方法,無獨有偶,向以手法見長的詠春拳中,練習腿功的方法與一些擅長腿法的拳派中的訓練方法竟出奇地相似,如此一來,在詠春拳中造就諸多長於腿擊的高手也就不足為奇了。

詠春拳練習下肢穩定能力的方法通常是以「靜力性練習」為主,其中又比較注重「自然力」的訓練。也就是訓練時以「單腳獨立樁」練習為主,而且剛開始練習時兩腿肌肉可能會有些酸、脹、痛的感覺,這叫「換力」,即把

圖308　　　　　　　　圖309

你體內先天具有的「拙力」換成適合於武術搏擊的後天的「勁」和「力」，此種由後天鍛鍊所得來的力，方是真切、自然而符合搏擊要求的「力」。

此種獨立腳站「樁」的功夫的特點是「靜中伏動」，而且最好以後每天都能站上幾分鐘或十幾分鐘，以使下肢的勁力不斷得到鞏固、提升和發展。

1.練習方法

剛開始時，可任意提起一腳並向前伸出，以腳尖或腳前掌輕抵牆壁（圖308），看能不能支撐到1分鐘；此外，你也可以用手扶著輔助物而將腿向前伸出（圖309），用以協助練習腿部力量與支撐平衡能力，不過此時你就不用以腳尖觸牆了。無論用哪種方法進行練習，你都須左右腿輪流交換去練習，以便全面發展自己。初時以一腿支撐1分鐘為宜，然後慢慢加長獨腿站立的時間，直至兩手不用扶東西而獨腿能站立2～3分鐘時為止。不過真正的腿擊高手在腿部負重物的情況下都能站立很久，當然這也是我

圖 310

圖 311

圖 312

　　們以後所應努力的方向。

　　　　真正的詠春拳高手可以在「獨立腳」的基礎上以雙手打完全套「小念頭」（圖310），試一下你自己可不可以？

　　　　除了上述練習方法之外，還可借助於「拖腿」的方法來逐步提高你的單腿支撐站立的能力。在號稱「雄霸世界拳壇500年的泰國拳」中亦有類似的練習方法，用以迅速提高腿部力量與穩定性。

　　　　具體練習時，可讓同伴抓住你提起的腳慢慢向後拖（圖311），或者是往前推（圖312）。當然剛開始練習時你可能會很難控制住重心，但幾天後你便可適應過來，因為這種方法既簡單而又實用，是所有腿擊愛好者都值得嘗試和練習的高效能的訓練技巧（在舉世聞名的泰國拳中，這種方法叫「拖轎」）。

2.動作要求

初練下肢支撐和控制能力時，一定要靜下心來，因為此方法雖效果良好，但對練習者的毅力也是一個極大的考驗，你只有不斷挑戰自我才能最終邁向成功。無論是「獨立樁」還是「拖腳」，你的上體都須保持正直，而不得養成因下肢酸軟而使上體亂晃的毛病；同時，由於上體保持了「擺樁」時原有的姿勢，所以還利於上肢在此基礎上快速出擊（事實上很多時候是手腳齊出的）。

在傳統詠春拳中，鍛鍊下肢勁力的方法，除了站「二字箝羊馬」以練習「箝膝力」外，還在站「獨立樁」的基礎上打完整套「小念頭」套路，甚至是「負重獨立腳」打完整套拳法。

在上一課中，你主要學習了正蹬腿（也叫「直撐腿」）的正確的踢擊方法，在本課中則對上一課的訓練成果進行了鞏固與提升。但由於我們習武的真正目的是為了應付高水準的實戰和劇烈打鬥，所以，欲真正掌握正蹬腿在實戰中的運用，就必須去學習下一課了，同時在下一課中還進一步介紹了一些練習腿法殺傷力的有效方法。

第二十八課 「正蹬腿迎擊」練習

在詠春拳中，大多數的反擊動作都是由手來完成的，但是，在把握住時機的前提下，如果能突然出腳去踢擊對手的中盤，也會收到「出其不意，攻敵不備」的效果，或者說這種突然發出的「暗腿」要比明幌幌的一拳更令人難

圖 313

圖 314

圖 315

以防範與招架,這也就是詠春拳腿法的厲害處所在。尤其在對方拳招已「用老」的情況下,己方的突然而敏捷的出腳必能「一招(腳)制敵」,因為此時對手未能來得及回防,即使要回防那也是在己方的腳已經擊中其身體之後的事了。

1.練習方法

我方以前鋒樁對敵(圖 313),當敵方猛然揮其右拳重擊過來時,我方可在其拳頭即將打盡打直的瞬間,迅速出左手去向內(右)側橫拍敵腕部(圖 314),破壞其力道與攻擊路線;我方在出手格擋的同時右腳亦已迅速提起並準確地擊中了對手的心窩或下腹等到致命要害處(圖315),以徹底摧毀對手的戰鬥力。然後在右腳向前踏落(敵方中

圖316　　　　　　　圖317

圖318　　　　　　　圖319

門）的同時，右拳突然擊中了敵面門（圖316），隨後又是一記左沖拳狠擊（圖317），最後是一記更為兇狠的右沖拳沉重打擊（圖318），以一陣「狂風掃落葉般」的連環攻勢將敵方徹底摧垮。

　　詠春拳高手會在快速出腳擊中敵方身體要害的同時，上面已出拳擊中了敵面門（圖319、320），真正是「雙管齊下」與「手腳合一」，予敵以雙倍效力的打擊。在這種情況下，腳與手之間的空隙已變得更小而接近於零，故而

圖 320

圖 321

圖 322

避免了你在腳落地的同時令對手逃脫的現象，不過這種打法並不適合於初學者。

那麼，在街頭格鬥的情況下又是如何運用正蹬腿的呢？在街頭打鬥中，可能很少有人去擺樁，而對手又大多會揮起右拳向你的頭面部「蓋」過來（圖321），這個時候你可不動聲色地果斷起腳去重踢其正面要害即可（圖322），當然同時須用左手向上格架其右手臂，你的這一「突然」的一腳一定會把對手淩空「踹飛」出去。

2.動作要求

作為詠春拳中運用頻率最高的一種腿法，要想準確有效地踢中對手，一是出腳要突然而果斷，以令敵防不勝防；二是出腿前上體一定不能有後仰的預動，以免暴露出

圖 323

圖 324

圖 325

腿的意圖，當然正因為你出腿沒有「預動」，因此才能達到突然制敵的效果。而且還要養成一個出腳就必踢對手「中線要害」的習慣，因「中線」乃「重心所在地」與「要害部位密集區」。很多樂衷於街頭格鬥的「鬥士」都習慣於以「正蹬腿」

在「無意識（本能）」的情況下擊倒對手，那麼作為一個已學習過詠春腿法的拳手，你是不是應更有把握去踢倒對手。況且，後面還跟著一陣重拳連連狠擊（圖 323、324），你有足夠的理由和能力讓對手因「搶先挑起戰火而飽受迎頭痛擊」。

　　如果你想進一步提高腿上的殺傷力，除了去踢打吊著的沙包之外，還可專門抽時間去踢擊「牆壁拳擊袋」（圖 325）或木樁，以鍛鍊你的下肢攻擊的「破壞力」。

「正蹬腿」在實戰中的用法或與正蹬腿相關的打法有很多，除了本課中所講到的幾種打法之外，還有一種是李小龍生前最常用的，同時也是技巧性最強的「以踢為主導」的綜合性打法，當然這就是下一課中所主要講述的內容了。

第二十九課　「攔手踢擊」練習

這是一招先控制住對手的手臂並進而破壞其間架，然後再乘機出腿進行迅速狠踢的招術，也是一種詠春手法與腳法的完美結合。因為首先己方手上的控制動作已為下面的踢擊創造了良好的踢擊條件和機會，而腳上的重踢動作又為接下來的手法的連續重創鋪好了一條坦途，故只有手腳有效結合才可將本招法的實戰威力發揮至極限。這也是詠春拳用腳的原則，也就是沒有把握不出腳，因為誰都知道「出腳半邊空」的道理。同時詠春拳也更講究「明手暗腳」，即在手法的掩護下，巧妙的出腳去「突然」擊倒對手。

1.練習方法

李小龍當時運用時是右腳居前而與對方搭右手（圖326），當對方突發其右拳攻來時，你可速用右手由左向右再向右後方順勢後牽敵右腕（圖327），以迫敵失

圖326

圖 327

圖 328

圖 329

圖 330

去重心平衡；而我方則將右腳與右手進行良好的配合，即在右手後牽敵腕而致敵失卻平衡的瞬間突然向前方提起去狠踢其右肋要害處（圖 328），當然也可以踹其下腹或心窩等空檔處。接下來為了進一步制伏對手，可在右腳向前踏落的瞬間猛然攻出右拳去重擊敵面門（圖 329），李小龍當時是用左手去插對手眼睛。然後，又一記兇狠的左沖拳猛擊（圖 330）；最後是一記強猛的右沖拳重重打擊（圖 331），目標仍然是對方的面部要害處。至於到底是

圖 331

圖 332

圖 333

圖 334

用手指「插眼」，還是重拳「封面」？那就要你根據自身的具體特點去選擇運用了，這就叫「水無常形，拳無定式」。

作為本招法的一種在街頭上的實戰發揮，你可由自然站立姿勢開始施展本招法（圖 332），也就是先用右手向右後方猛力牽拉敵方攻來的右手腕關節（圖 333），然後在敵失去重心的同時疾將右腳向前猛然攻出（圖 334）。為了進一步強化右腳上的踢擊力度，可用左手抓拉敵肘關

節來協助右手猛力後牽敵方
整條右手臂。最後，仍是補
以連環重拳狠擊以擴大戰果
（圖335）。

圖335

171

第三章 詠春拳速成教程

剛開始練習時可身穿護
具進行配合與模擬訓練，以
獲取有關的施招經驗與適宜
的距離感及對時機的良好把
握能力等關鍵因素。

2.動作要求

在右手向後牽拉的同時，右腳就應果斷踢出。在這
裏，己方抓拉敵右腕的同時，一是為了破壞其重心平衡；
二是為了限制其由前手發出的格擋動作；三是為了改變對
手的身體角度而致使對手無法出左拳。在右腳踢擊之後，
右手最好仍能控制住或抓住敵方右手，以利於己方左拳
（或左指）的有效攻出，或是為了加重左拳上的打擊力
量；當最後一拳打出時，也最好是能用左手封壓住敵右
手，以求萬無一失。整套動作似流水般連續發出，以令敵
無法防範或根本無躲閃的機會，因為技擊制敵靠的就是一
鼓作氣而一舉擊潰對手。

在練習本課所講的技術動作時，可同時進行踢沙包或
牆靶的功力訓練，因為畢竟功力與技術是相輔相成的，就
像一個人一樣，只有肉體與精神俱存才可謂之是一個「完
整」的人。

雖然已連續用幾課的時間來講解了正蹬腿的練與用，

但是仍有一些相當實用且極為兇狠的招勢，值得我們去進一步學習，接下來在下一課中則向你講解「穿心腳」的具體運用，你以前也可能已聽說過這一「殺招」的厲害，但卻不知道怎麼練，不用急，下一課中就專門教給你這一腿法絕技。

第三十課　「穿心腳」練習

在傳統詠春拳中，並沒有「穿心腳」（或「窩心腳」）這個名稱，因為它是正蹬腿的一種實戰發揮，當然它無論怎樣靈活運用，都是在上體不動（無意圖暴露）的情況下突然起腿去狠踢對手。

該踢法技巧之所以叫「穿心腳」，是因為它專門以攻擊對手的心窩而出名，也是傳統武術中的著名狠招之一。由於它是以十分堅硬的腳跟去重擊人體上最為脆弱的「心窩」致命要害處，故當可一腳制敵，毫不誇張。不信你可以用自己的手輕拍一下心窩，是什麼感覺？會不會痛得喘不過氣來，而你的這下手拍的動作在打擊效果上又怎能與腳跟重踢相提並論呢？如果是在穿著硬鞋的街頭格鬥情況下出腳踢擊，則更能迅速殺傷並制伏對手。當然，這一招法主要用來對付兇惡的狂徒，他都拿著菜刀或磚頭向你的頭部砍（砸）來了，你還在猶豫什麼？

1.練習方法

無論是在擂臺搏擊中，還是在日常生活的自衛格鬥中，當敵方突然用兩手抓住你的兩肩而欲施以抱摔時（圖

圖 336

圖 337

圖 338

圖 339

336），你可迅速將雙手從下方插入敵方兩臂內側，並以「雙攤手」外格敵方兩肘關節內側（圖 337），以迫敵鬆開雙手。接下來，我方可順勢用雙手抓牢敵兩腕並用力外擰，同時猛然用力後牽以使敵方重心前傾（圖 338）；然後迅即起右腳去猛踢對手的心窩這一致命要害處（圖 339），予敵以決定性創擊（圖 340、341）。

當然這一腳也可根據實際情況來踢擊對手的胸部或下巴等致命空檔處。如果是踢擊對手的咽喉的話，則應稱之

圖 340

圖 341

圖 342

圖 343

為「穿喉腳」了，不過這沒有一、兩年的苦修是難以達到的。

作為一種靈活的戰術運用，當對手仍用雙手抓住你的雙肩（圖 342），並欲用右腳勾踢你（摔跤中的技法）的腳踝時（圖 343）；你可速將前腳向前上方提起以避過其右腳攻擊（圖 344），同時迅即向正前方踢出，去重創對手的心窩這一致命要害處（345）。

圖344

圖345

2.動作要求

己方「雙攤手」的動作要準確而及時，要趁對方未將力發出前即由「內門」去突破敵兩臂之攻勢，接下來的抓擰敵兩臂的動作要迅速有力，並且須猛力後拉以破壞對手的重心平衡。右腳前踢需與手上的後拉動作配合好，以加大腳上的創擊力度。

整套動作一氣呵成，也就是一旦因格擋而與敵兩臂接觸之時便應將其牢牢「黏住」，並記住手上的動作是「攤手——擰臂——後拉」，而且在正蹬腿之後還可根據情況攻出其他連環招法以便最終（徹底）制伏對手。

出腳之前通常都要先提膝再向前徑直踢出，這個「提膝」的動作一可避過對手的攻擊，二可儲力而踢出強有力的腿法。而且踢擊之時，上體不可為了加大下肢力度而搖晃，因為詠春拳用的是瞬間的「寸勁」，故想借「轉身」或「晃身」來增大踢擊力度似乎並沒有什麼作用，反而還會因晃身而暴露踢擊的意圖，可謂得不償失。

另外，當對手突然揮拳向我方面部打來時，我方亦可果斷起腳去迅速踢擊敵心窩這一致命空檔處（圖346），予敵以毀滅性打擊。

詠春拳雖不是以腿法攻防為主的拳派，但是它的腿法還是相當精妙和巧妙的，也就是「貴專不求多」。

圖346

前兩課都是講解的主要用於攻擊或用來踢擊對手中盤的踢法，那麼，當用腿法來攻擊對手下盤時又怎麼運用呢？這就是下一課中要講的「截腿」之練習。

第三十一課　「前腳截腿」練習

在詠春拳中，「截腿」也叫「耕攔腿」、「攔門腳」及「十字腳」，在截拳道中也有人叫「軋腳」，當然名字並不重要，重要的是它能不能有效地去打擊對手或是藉此去制伏對手，之所以也叫「十字腳」，是因為它是橫著出腳向正前方踢出的（圖347），多用來在對手向前進攻時去突然截踢其前腿脛骨正面要害處。並由於該腿法踢出時與對手的脛骨剛剛好成一個交叉的「十字」型，所以才稱其為「十字腳」。（圖348）為它的側面示範，從圖中也可以看出在踢腿的同時，上肢已進行了良好的防護，並已隨時做好了進行快速打擊的準備。

圖347

圖348

這一短促而兇猛的「低腿」和「暗腿」主要用來攻擊對手的脛骨或膝關節，因為處於小腿正前方的脛骨充分暴露在外，且距離較近，故而易於被這種快腿踢中。同時由於脛骨幾乎沒有肌肉保護，所以痛感極為明顯，即便是輕輕的踢擊也會使對

圖349

手感到鑽心的劇痛（不信你自己可以試一下用右腳後跟向後磕一下自己的左脛骨），何況在格鬥中是穿著鞋去「暴」力狠踢（圖349），由於鞋底較硬，因此很容易造成脛骨骨折。

在具體實施時，該腿法可以由後腿發出，也可以由前腿直接發出，不過由後腿發出時打擊力要大一些，但距離與攻擊路線相對就長一些，所以多用於街頭格鬥。當由前腿發出時，雖然力要小一些，卻要快捷許多，因此它用來

詠春拳速成搏擊術訓練

圖 350

圖 351

堵截對手的攻勢或用於擂臺
格鬥中是相當有用的。當然
這種劃分也是客觀的，練習
者可根據自己的實際情況去
靈活運用。

圖 352

在本課中，主要講解用
截腿去防禦和反擊時的應
用：

1.練習方法

我方以前鋒樁對敵（圖350），當敵方先發起攻擊而
在左拳假動作的掩護下猛揮右拳攻來之時，我方可在速用
左手橫拍敵腕部以破壞敵攻勢的同時（圖351），突然起
前腳去狠踢其前腿之脛骨或膝關節這一致命要害處（圖
352），攻敵措手不及，並迅速消解敵攻勢。隨後，不待對
手抽手逃脫，我方便在向前方踩落右腳的同時，迅速攻出
右拳去重擊敵方面門（圖353）。接下來，又是一記左拳

圖 353

圖 354

圖 355

狠擊，目標仍是對手面門
（圖 354）。最後再補上一
記右拳猛擊，直至對手倒地
不起為止。

　　在勤練技術及掌握正確
的動作要領的情況下出腿
時，固可產生極大的攻擊
力，但若想進一步提升這種
破壞力與殺傷力，便需借助
於踢擊硬物的練習來逐步獲得。而且如你沒有木人樁來練
習這一腿法時，以「截腿」踢樹或踢樁亦可獲得同樣的殺
傷力度（圖 355）。

2.動作要求

　　無論是訓練中出腳還是真實格鬥中出腳，都需果斷、
突然，以攻敵措手不及，儘管很多人沒有見過這種腿法而
不懂得如何去具體防禦，但你為什麼不迅速、無預動的出

腿，而把失誤減少到最低限度呢？有些人可能會說為什麼叫腿法但卻摻雜著一些手法呢？

首先詠春拳是一種整體性的武術，它更注重「手腳合一」與「腳手齊出」以增強打擊效果，當然，它也可單獨用腿法進攻，不過，你既然是為了格鬥，又要求那麼多規則幹什麼！如果在街頭格鬥中，你不可能跟對方說「你只能用腳不能用手」。既使目前在國內流行的「散打王」比賽中，也提倡「腳手連貫」和「手腳連動」，或是「手領腳進」及「腳落手發」等，從而有效發揮自身最大的打擊效能。

你既然在本課中學會了如何以「截腿」去對付首先發起攻擊的對手，或者是學會了如何以前腳之「截腿」動作去有效地打擊對手，那麼，當要用後腿去踢打對手時，又是如何運用的呢？或者說在街頭格鬥的情況下又是如何來運用這一狠招的呢？帶著這個問題，你還是去用心學習下一課吧！

第三十二課　「後腳截腿」練習

後腿雖然距離對手較遠一些，但由於有手法的良好配合與引導，故仍可用來有效地踢擊並重創對手，或者說腿法上的一些缺點和不足由拳（手法）進行了彌補，有人可能會問，好像很少見詠春拳師運用這一腿法，甚至說沒見過李小龍生前運用這一腿法。但我可以告訴你，在他的武學筆記中卻曾多次講到這一極為兇狠的腿招，即使在其自編、自導、自演的電影《猛龍過江》中，他在鬥獸場同羅禮士決戰時，亦曾連續運用此腿法去截踢對方的膝關節與

圖 356　　　　　　　　圖 357

脛骨，並由此導致對方直接喪失站立和移動能力。

　　當然，這一腿法絕少用於主動攻擊，尤其是腿法的單獨攻擊，因為它雖然極為刁鑽，但出腿前的預動較大，正因為如此，大多數的詠春好手便多用此腿法去迎擊對手或是在手法的掩護下去有效的重創對手。

　　記住，出腿一定要果斷、突然，並準確，否則就算有力也沒有用。對此，一定要把握好時機，這是能否擊中對方或能否施展強力重擊的關鍵所在。

1.練習方法

　　我方以前鋒樁對敵，如果是進行街頭格鬥可自然站立對敵（圖 356），當敵方猛揮其右拳欲向我方頭面部橫打過來時，我方可靜觀其變以便捕捉最佳戰機。待敵拳勁力發放至盡之時，我方疾速用右手由敵右腕外側去刁抓其腕關節（圖 357），以防敵逃脫或變招再攻；接下來，在右手猛力後牽敵右腕以破壞敵方重心的同時，突然出右腳去橫踢敵膝關節或脛骨等薄弱環節處，並同時將左拳狠狠擊

向敵頭面部空檔處（圖358），予敵以雙重效力之打擊。
為了進一步制伏對手，可再在向前踩落右腳的同時，猛出
右拳去重擊敵面門（圖359）；至於這是不是最後一擊，
則要看對手的反應情況來定，總之我方已隨時做好了予敵
以連環重擊的準備。

　　作為一種靈活的戰術運用，我方亦可在敵方前手重拳
攻來的瞬間（圖360），迅速向其左後方閃身或上步以避過
其正面鋒芒，同時用左手由外側擋抓其左腕（圖361）。接

圖362

圖363

下來不待對手變招，我方之左截腿早已在左手後牽敵腕的同時準確踢中了其前腿之膝關節要害處（圖362）；然後在向前落穩左腳的同時，又迅速攻出右重拳並擊中了敵方頭面部致命空檔處（圖363），將敵制伏。

2.動作要求

己方右（左）手刁抓敵右（左）腕的動作要快，並要把握好刁抓的時機，因為過早或過晚都將失去應有的技擊含義和作用。而且刁抓並後牽的動作是連貫而不可脫節的，以防敵掙脫及迅速迫敵失去重心平衡。重要的是，在右手後牽敵腕的同時，左拳與右腿應同步打擊（特指第一個戰例），這也是一個頗有詠春拳特點的打法與動作，也就是讓對手在失卻平衡的情況下，上下盤同時受到重力攻擊，而使敵方防上防不了下，而受到足以致命的打擊。記住，右（左）手能否成功的刁抓敵腕關節是本招法得以有效實施的首個關鍵因素。

前兩課主要講述了如何以「截腿」去防禦或堵截對方

的拳法攻擊，那麼，當對手搶先以腿法攻來時，你又如何以截腿去反擊呢？或者說如何以自己的「截腿」去「以腿制腿」呢？這就是下一課所要講述的內容。

第三十三課　「以腿（截）制腿」練習

以腿法去對付對手的拳法攻擊時，固可發揮「一寸長，一寸強」的優勢，那麼當對手亦擅長於運用腳法時，你又如何以截腿去制敵呢？你可能會說對手也佔有腿長的優勢，如果你也用腿法去對抗，是否就不那麼容易了？在這裏，我首先要告訴你的是，詠春拳有自己獨特的起腿方式以保證己方能制敵機先或是後發先至，首先本門拳術的擺樁便是前腳幾乎不承擔任何重量，故可迅速起腳與提腳，而不用先將所承擔的重量移至後腿之後再出腳，這就保證了起腳的突然性。

再者，「以腿制腿」時大多由前腳去實施，而對手又往往是發後腿重重攻來，這時由於對方的腿距離己方的身體至少有 2 公尺，因此，他要想踢中己方就需要一定的時間或者說需要相對較長的時間，而己方只需在對手攻至半途時直接起腳並僅僅運行 30 公分便可擊中對手的攻擊之腿，其中的原理是對手的攻擊路線較長故而留給了己方充分反應的時間，己方也可以說是「以逸待勞」，所以說即使是雙方的攻擊速度相等，練習詠春拳腿法者也完全有把握「後發先至」去有效地擊中對手，這就是詠春拳在技擊上的科學性的具體體現。

圖 364

圖 365

圖 366

圖 367

1.練習方法

我方以前鋒樁對敵（圖 364），如果是在街頭格鬥中則可以把手放下而僅將右腳置前即可；當對手猛揮右腿而以一記掃踢腿（邊腿、鞭腿、勾踢）向我方中、下盤攻來時（圖 365），我方可在其攻擊達至半途的瞬間果斷起腳予以有效地截擊（圖 366），即從正面去狠踢（踏）敵方膝關節或脛骨等要害處。然後是一陣狂風暴雨般的拳法連續重擊（圖 367、368、369），予敵以決定性創擊。

　　具體練習時，你可與同伴不斷重複上述之「截腿」的動作，直至自己的截擊動作能達到「自動化」的本能狀態為止，而且剛開始練習時可讓同伴腿縛護具進行配合訓練。

　　作為一種有效的戰術發揮，你也可以在用左手向外擋開對方的「正蹬腿」或「彈踢腿」的同時（圖370），迅速起右腳和右拳同時攻向對方的下盤和上盤兩個要害處（圖371），予敵足以致命的創擊。

圖 372

圖 373

此外，你也可在用左手向外擋開對方的正面踢擊的同時（圖372），果斷起後腳和右拳去同時重創對手的下盤和上盤要害處（圖373），在這裏雖然左腳起動要慢一點點，但由於是在用左手控制住敵方右腿的情況下出腿，故仍可擊中並擊倒對手。記住，己方是拳腿同時出擊去狠擊對手。

2.動作要求

起腳截擊之前身體仍不得有晃動動作以免暴露起腿的意圖，而且出腿截擊的同時上肢仍需保持良好的防禦，以防備對手任何可能的突然襲擊動作。同時拳法繼腿擊之後攻出時還要連貫、及時，免得錯失良機，因為在格鬥中找尋一次可擊倒對手的機會並不容易。

你不但要學會以截腿去截擊對手的掃踢腿，還需練習如何去截擊對手的彈踢腿、正蹬腿、側踹腿等到腿法，因為不同的對手有不同的踢擊習慣，或者說對手也不可能只用一種腿法向你發起攻擊，他也可以不用後腿而直接用前

腿向你攻來，這一切你都必須顧及到，除非你不想擊倒對手或甘於遭受對手的痛擊。

詠春拳雖不以腿法搏擊為主，但它的腿法卻很科學、很實用，並且易於掌握。

在下一課中，將教你學習詠春拳中的攻擊距離最長的武器——側撐腿，也就是「打」得最遠的攻擊之「重型武器」。

第三十四課　「側撐腿」練習

在詠春拳中，「側撐腿」（在截拳道中叫「側踢腿」，在中國散打中叫「側踹腿」）主要用來攻擊對手的膝蓋、胸腹、腰肋等要害處，而很少用來攻擊對手的上盤，這是因為要想擊中對手的頭面部需要自身有良好的基本功和實戰經驗；其次是，起高腿很容易犯「起腿半邊空」的弊病；另外，在起高腿攻擊的情況下，人體的內在的打擊勁力亦無法完全發放出來（絕頂高手除外）。

因此在詠春拳中多用側撐腿來攻擊對手的中、下盤，以求擊而必中。

由於側撐腿在踢擊時可以使自身遠離對手，所以還可以有效地用來防護自己，同時你踢的遠自然就可以把對手控制在較遠的距離之外了，因此久經磨練後，側撐腿同樣可以成為你的一記「殺招」（李小龍就堪稱是這方面的典範）。而且，側撐腿比正蹬腿也更容易發力，由於它在施招時是「側身對敵」（圖374），因此，對自身的暴露最少，可稱得上是最安全的腿法，當然這也是為什麼李小龍

圖 374

圖 375

圖 376

圖 377

苦練側撐腿的原因所在。（圖 375）為側撐腿的側面示範，它可能與傳統的踢法略有不同，但似乎也更為實用一些。

1.練習方法

進行側撐腿的技術練習時，可由前鋒樁開始（圖 376），無論是否有同伴配合作拳法攻擊練習，你都應迅速將前膝提起以蓄力待擊（圖 377、378）；然後在身體略後

圖378

圖379

傾的同時以右腳跟為著力點向前方猛然踢出（圖379），目標是對手的中盤要害處。發力踢擊之時應配合有呼氣的動作（用來強化踢擊威力和增強氣勢），上肢需同時進行良好的防護。

圖380

進行模擬訓練時，可讓同伴身穿護具進行攻擊練習，你則是尋找最佳時機予以強力踢擊。記住，發力應短脆、突然；也可予敵方前沖時進行快速踢擊，也可以於他出腿攻擊前的瞬間及時踢擊，還可以於對手收手的同時予以果斷狠踢。

要想提高側撐腿的打擊威力時，可進行踢擊牆壁拳擊袋和踢擊沙包的練習。另外，踢擊木人樁或樹樁也是磨練腿擊殺傷威力與硬度（破壞力）的好方法（圖380）。

2.動作要求

側撐腿多由前腿突然發出，不過為了技術全面，最好是兩腿都進行練習。無論哪一腳踢出，其支撐腳所朝向的角度都應與攻擊之腳成 90 度，例如當踢出右腳時，左腳的腳尖則朝向左前方，以保持全身最佳的穩定狀態。

當腳攻出之時，上肢應保持良好的防禦狀態，一來可防禦對手的突然的拳打動作；二是當對手欲抱腿摔打時，可及時將前伸的手（右手）去打擊對手頭面部要害處，使敵方意圖難以達成。而且無論是實戰中起腳，還是進行踢打實物的練習，都應有向前展髖送胯的動作，以便盡可能的延長打擊距離與強化打擊威力。並且最好在踢擊之前有一個後腳迅速前墊的動作，即使是前墊一點點距離，也會極大的增強你的打擊威力。因為這個及時的墊步動作可創造你身體前沖的慣性，此種向前沖擊之慣性也可以看作是前腿踢擊時的「原動力」，雖然傳統詠春拳的踢擊靠的是「瞬間的爆發力」，但這種沖擊慣性勢能的有效運用卻可以在很大程度上來彌補與強化這種瞬間的打擊爆發力，這一觀點可能是傳統詠春拳中所沒有的，但卻是很實用的。

本課主要講解了側撐腿的基本踢擊動作，以及相關的功力訓練方法，雖然在（圖 381、382、383）中也

圖 381

圖382　　圖383

講解了如何在對手出前手拳的情況下的側撐踢擊方法，但這還遠遠不夠。如果你想揭開側撐腿的「真面目」，就繼續往下學習吧！

第三十五課　　「側撐阻截與迎擊」練習

在上一課中主要講了如何以側撐腿來防範對手的拳法攻擊，本課則重點講解如何以側撐腿來防禦和反擊對手的腿法攻擊，這也是本門拳術中的一個極為重要的課程。

這種快速的阻擊與迎擊打法還是詠春拳格鬥核心原理「後發先至」的具體體現，例如當對方距離較遠時，對方倘欲發動攻勢必先得做一些準備動作，這時你就可「以靜制動」，在對方正處於準備之階段或攻至半途時迅速進行有效地「迎擊」，在這裏亦有「連消帶打」的成分在裏面。當然欲成功運用此類打法，便需要你正確地去把握起腿踢（迎）擊的時機，並且應預洞先機，自身的動作一定要快，正所謂「手快打手慢」，沒有閃電般的攻擊速度決

圖 384

圖 385

難穩操勝券。

1.練習方法

具體練習或運用時，己方可用側身樁迎敵也可以正身樁迎敵（圖384），當對方搶先用其後（右）腿向己方攻來時（圖385），己方應抓住瞬間的有利時機，果

圖 386

斷起前腳以一記短促而強勁的右低位側撐腿去狠擊對方的右腿膝關節或脛骨要害處（圖386），將敵方的重擊消解於半途中。記住，上肢應同時進行良好的防護。

作為一種有效的戰術發揮，己方還需練習如何防禦對方起前腳進行攻擊。己方仍以戒備樁勢對敵（圖387），當對方起前腳攻來的一瞬間（圖388），我方應速提起前腳予以果斷截擊（圖389），目標仍是對方的膝關節或脛骨等要害處。由於己方一直占有距離上的優勢，所以經過

圖387

圖388

圖389

圖390

訓練後，一定可以做到「消解敵攻擊於半途中」。

　　具體練習時，也可讓同伴腿上縛上護具來進行適應或類比練習，而且速度可由慢至快來逐步培養你的反擊的敏捷反應和閃電般的快速度（圖390）。

2.動作要求

　　無論是截擊對手的前腿攻擊還是其後腿攻擊，你都需把眼睛盯緊對手的眼睛，而不是去看其腳，以免暴露自己

圖 391

圖 392

的意圖，這一點極為重要，剛開始練習時你可能不太適應去「盯對手的眼睛」，可讓同伴放慢速度來向你進攻，以便讓你有足夠的時間對此做出反應，等動作熟練後自然既能阻截住對方的腿，同時又能用眼睛盯緊對方的眼睛，這需要一個不斷適應與提升的過程。

　　起腿阻截或迎擊的時機主要有以下幾種：

　　第一是對方的動作攻至半途時；第二是對方移步向前攻擊時；第三是對方攻擊後收腳時。

　　總之，「截阻」或「迎擊」用來對付一個向前猛衝的對手是最為有效的防禦與制敵手段。無論在詠春拳中還是在截拳道中，不怕對手往前猛衝，就怕他不往前衝，因為他不往前衝你就沒有良好的機會去重創他。

　　在街頭格鬥中，當一個強壯的對手以雙手抓住自己右腕時（圖 391），如果僅靠臂力去掙脫時，可能難度較大，也不符合巷戰「速戰速決」的原則，對此你可果斷起腳，以低位側撐腿去狠踢對方的膝關節（圖 392），保證他會應聲倒地。

　　本課及前兩課主要講了如何在實戰中尋機以側撐腿去重創對手，而且基本上是單獨的「側撐腿」的運用，那麼如何將詠春拳所擅長的手法與兇狠凌厲的側撐腿進行一個完美的結合呢？這就是下一課中要講的內容了。

第三十六課　「攔手側撐」練習

　　如果你前面的課程學習得好的話，則掌握這一課就很簡單，因為「攔手前踢」（或「正蹬」）與這個「攔手側撐」有異曲同工之妙，只不過是將沖拳和正蹬腿改成了側撐腿罷了。側撐腿雖不是詠春拳中最厲害的武器，但在久經磨練後卻完全能夠變成一記狠招，特別是在手法的有效配合下，要比正蹬腿更容易擊中對手的身體，尤其是對手身體上最為脆弱的部位——肋骨。

　　況且，側撐腿是在側身的情況下發出，所以自身暴露出來的要害相對較少，自然對自身的安全率就要高出許多。你可以嘗試一下，是以「側身」對著對手時身體正面要害暴露出來的多，還是以「正身馬」的姿勢對敵時自身正面要害暴露出來的多？經過對比之後，你一定會傾向於以「側身」去攻出側撐腿。

1.練習方法

　　我方可以用前鋒樁對敵（圖393），也可以用右腿居前而兩臂自然下垂的「自然站立」姿勢對敵（此姿勢主要用於街頭格鬥）。當對手猛發右手向我方上盤攻來時，我方可速用右手由左向右進行輕快的格擋（圖394），以破

圖393

圖394

圖395

圖396

壞敵攻擊；隨後右手應順勢抓住敵右腕並順著其慣性而猛力向自己的右後方牽拉（圖395），也就是利用對手的「不穩定性」來加快對手失去重心的速度。

接下來，果斷起右腳去狠踢對手的肋部致命要害處（圖396）；然後在向前踏穩右腳的同時，再連續攻出幾記重手直沖拳去進一步重創對手（圖397、398、399）。而且若此時仍未能擊倒對手的話，你的沖拳可一直打下去，直至他倒地為止。

圖 397

圖 398

圖 399

2.動作要求

平時應多練習手部「格擋接往後抓拉」的動作,待純熟後可再將之與「側撐腿」進行結合性訓練,如果無同伴時則只好進行「防(拉)與攻(踢)」的空練了,當然如果兩個人一起練習時效果會好很多。而且最好先讓同伴身穿護具進行訓練,以免使你形成「力蓄而不能放」的弊病,因為如果同伴不穿任何護具時,你就不可能去全力踢

擊，從而養成發力時「點到即止」的壞習慣。如果真是這樣，那麼，側撐腿的卓越打擊威力在你身上也就消失殆盡了。

運用側撐腿攻擊時，身體的後傾幅度不可過大，後傾幅度大雖然可避免遭受對手的拳法攻擊，但卻不利於自身腿力的發揮，也就是說，後傾幅度越大則腿擊就越沒有力，同時還不利於上肢的拳法去迅速有效地打擊對手。同時，運用拳法連擊對手時，還應迅速上步去創造最佳的拳法打擊距離，這樣一來擊倒對手自是水到渠成。

側撐腿既然用來防禦對手的拳法攻擊相當有用，也相當厲害，那麼，當對手以高位重腿法向我方上盤攻來時，它又是如何去運用與發揮的呢？欲解答這個問題，就去學習下一課吧。

第三十七課 「側撐防高腿」練習

在格鬥中，以側撐腿去對付對方的高位踢法時將具有更大的優勢，因為它同樣可於對手的腿法攻至半途時予以有效的截擊，並由於它可以更快更突然的攻出低位側撐腿，所以，具有更快的踢擊速度及更強大的踢擊力道。

李小龍對這一快捷的低位側撐腿的評價是：「如果熟練掌握了這一技法，則幾乎可以阻止對方任何形式的攻擊，尤其是腿法攻擊。」當然，天有不測風雲，如果我方錯過了如在上一課中所講的「半途中予以截擊」的機會時怎麼辦呢？不用擔心，你仍有機會用「快而狠」的側撐腿將敵方輕鬆擊倒在地，也就是避過對方的上盤重踢，而及

圖 400

圖 401

時去踢擊其下面的支撐腿，保證你可「一腿定音」，原因是對方此時根本無法及時回防及回撤，並由於其身體重心全部壓在其支撐腿上，因此，其支撐腿所受到的創擊要比兩腿支撐時受到的創擊至少要嚴重一倍以上。

至此你應該明白，側撐腿不僅可以用來重創對方的中、上盤要害處，即使面對一位擅長使用高腿的腿法高手時，亦會因其下盤暴露出空檔而給予及時、有效的打擊。

1.練習方法

在散打比賽或「講手」中，當遇到一個腿法精湛的對手時，首先應沉住氣（圖 400），並設法誘使對方先出招攻來，以便尋找出腿反擊的機會（圖 401）；當對方果真用高腿法向我方頭部攻來時，我方可在身體略後傾的同時果斷出前腳去重踢其支撐腿之膝關節要害處（圖 402），將其踢翻在地。記住，只要你的腳能接觸到他的膝蓋，便可擊其倒地。

上面這個經典戰例說的是對手出後腿向我方攻來時的

圖 402

圖 403

圖 404

圖 405

　　反擊方法，那麼，當對手突然出前腿向我方中、上盤攻來時，又怎麼辦呢？（圖403、404）。很簡單，你仍需在上體略後傾以避敵鋒芒的同時，果斷起前腳去狠踢其支撐腿的膝關節處即可（圖405），同樣可迅速將其踢翻在地。

　　另外，作為一種靈活的戰術運用，你也可以用「低位側撐腿」去對付對方的「正蹬腿」或「彈踢腿」，也就是仍待對方將腿攻至半途或動作用老而欲回收的瞬間，果斷提起前腳去快速狠踢支撐腿的膝關節空檔處（圖406、

圖 406

圖 407

407），以「巧力」迅速而「巧妙」地擊倒對手。

2.動作要求

在本課中所講的側撐腿的用法都是「後發制人」戰術，這就要求你的反應需快，而且勁力要短促、乾脆，即發腿踢擊時要準確而毫不猶豫，並先「收膝」以蓄力，再「挺膝」以發力。充分利用展髖和伸膝的彈性作用去快速重擊對手，並且要「一蹬即收」，以便決定是否發起拳法去連續進攻。

低位側撐腿無論擊中對手的膝關節或是脛骨，都可使其筋骨疼痛而失重倒地，重者可使敵筋斷骨折戰鬥力頓失。而且在下面側撐腿踢擊之時，前手亦可配合向前撐出，一來可用於格擋對方的腿，二來可用於協助維持身體平衡，三是用來干擾對手，四是用來有效地保護自己的上盤不受對方的重拳襲擊，謹記。

有關詠春拳的腿法實戰技術及訓練就先介紹到這裏，那麼有些讀者可能會問：「在詠春拳中，繼拳法、指法、

掌法及腿法之後，還有哪些攻擊或打擊方法要學習呢？」答案是：還有肘法。肘法的作用向來是被譽為「寧挨十手，不挨一肘」的重型「轟炸型武器」，這麼犀利的格鬥武器又怎能不教給你呢？

第三十八課　「後撞肘」練習

我們都知道肘骨相當堅硬，即使是未曾經過任何功力或硬度訓練，它亦足以打碎或撞斷對手的骨頭，因此肘法向來被認為是最為兇險的格鬥武器。當然，對於速成格鬥術訓練來講，肘法無疑又是一件致命性殺傷武器，它的特點是「短、快、狠、硬」。後撞肘主要用來打擊對手的肋骨或太陽穴等最薄弱處。

有人可能會說「我以前怎麼沒聽說過詠春拳也用肘法」。事實上，詠春拳作為典型的近戰格鬥拳法，它不可能不去運用肘法，只是由於「拳法」的作用太過於突出，而使很多人忽略了肘法的作用而已。要知道「肘打四方人難防」，我們的詠春拳先輩根本不可能會想不到這一點，當然本門拳法在傳承上向來較為謹慎、保守，所以亦絕少將此等秘技及狠招輕易示人。

1.練習方法

在格鬥中，當對手突然由後開始襲擊並抱住我上體時（圖408），由於我的雙臂已被敵同時抱於臂內，所以欲運用肘法發起反擊，就必須先突然將雙臂向前上方揮起（圖409），以便掙脫敵方鎖抱動作或藉此減弱對手的抱

圖 408

圖 409

圖 410

圖 411

鎖力度。然後再借兩臂回收之勢而狠狠向後方撞擊敵方肋骨這一致命要害處（圖 410），一招制敵。若敵方較為強壯而無法一肘將其擊倒時，可連續攻出數肘去連環撞擊，直至對手徹底喪失戰鬥力為止。

　　在格鬥中，當對方由後突然抱住你腰部時又如何解脫呢？也就是說在你的雙臂可以自由活動時（圖 411），你可用左手抓住敵右臂用力前拉，右肘則揮起蓄力而準備向後方撞出（圖 412）。右肘尖後撞的目標是對手的面部要

圖 412

圖 413

圖 414

圖 415

害或右側太陽穴致命空檔處（圖 413），以便給予敵方足以致命性的創擊。

　　進行後撞肘的功力訓練時，可以擊打沙袋，也可以擊打手靶，如果你連沙袋和拳靶都沒有的話，就只有去循序漸進地擊打縛在樹或樁上的軟靶了（圖 414、415）。

2.動作要求

　　肘部後撞要突然、迅猛，以防敵避過，而且正因為打

擊速度極快，所以，其打擊力才強。在實戰中為了提高打擊命中率，肘法應當沿最簡捷的路線徑直打出。當運用「戰例打法一」時，雙臂前揮的動作既可用來掙脫對手的抱鎖動作，還可為向後撞擊提供一定的「動力」和「打擊勢能」；在「戰例打法二」中，左手前拉對手右臂的動作極為重要，它一是可防止敵方逃脫，二是可加重右肘後撞打擊的力度，所以，最好使左手前拉的動作與右肘後撞同步打擊或是「協調打出」，用來提高自己重肘反擊制敵時的命中率與勝算。

在詠春拳中，除了後撞肘外，還有一種更為兇狠的肘法打擊技術，而且是一種攻擊性的「重創肘法」，這一像「刀鋒般銳利」的武器，將在下一課中進行詳細講解。

第三十九課　「橫擊肘」練習

在詠春拳中，「橫擊肘」也叫「批肘」，是一種極為強悍兇險的高度殺傷性武器，它可以用肘尖去橫擊對手的太陽穴要害處，也可以用前臂尺骨沿水平線去「削打」或「割打」敵頸部或喉節等薄弱環節處。在威名遠揚的泰國拳中，橫擊肘便是一記殺招。而在本門拳術中，它同樣也是一記狠招，而且精於此招的拳師，在各種角度和位置都可巧妙地施肘打擊，並令敵頭破血流或筋斷骨折，且易如探囊取物。

正因為這招法極為兇險、凌厲，所以一般的武師絕不輕易將此殺著示人，關於橫擊肘的攻擊之銳利性的形象描述是「肘過如刀」（泰國有一相當有名的拳師叫沙匿，他

圖416

圖417

在 1947 年同一位叫挽宗的名將交手時，便是在處於劣勢的情況下突然施以橫擊肘並由此擊昏對手，而反敗為勝）。目前此等狠招主要用於軍警格鬥訓練中，當然對於平常人來講亦不失為一絕佳的自衛良招。

圖418

1.練習方法

我方以前鋒樁對敵（圖416），當對方先發其前（左）拳向我上盤攻來時，我方速用左手「由右向左」迅速進行格擋（圖417），並順勢向左後方進行牽拉以破壞其重心平衡；同時疾將右肘狠狠向前掃向敵方頭面部致命空檔處（圖418），一招制敵。記住，是在左手回拉敵左臂的同時，閃電般的攻出右肘。

在格鬥中，當對方突發其右手重拳攻來時，我方可速

用左手「由右向左」進行格擋（圖419、420），以破壞敵攻勢；然後在速向左後方牽拉敵右腕的同時，果斷向敵方的頭面部打出自己的右橫擊肘去重創對手的上盤空檔處（圖421），其正面示範則如（圖422）所示，迅速制伏對手。

在進行橫擊肘技術練習的同時，還可配合擊打沙袋、拳靶或「樁靶」進行肘部硬度與殺傷力訓練（圖423），而且需左右兼練，以全面發展自己。

圖423

2.動作要求

　　無論是單人的基本動作練習，還是實戰對抗訓練，肘都應果斷打出，而且應左右兼練或左右連環攻出，以最大限度地去殺傷對手。由於肘尖的鷹嘴骨和尺骨天生就十分堅硬，再加上後天的勤練，故殺傷力極為驚人。

　　另外，由於橫擊肘所運用的是詠春拳的獨特的勁力發放方式，同時還由於雙方間的距離較短（對方根本無法防禦），因此無論撞中對手的任何部位，肯定會導致劇烈的疼痛與嚴重的損傷，甚至會擊至皮開肉綻或是骨頭斷開，決非虛言。當然這一切又都是在距離合適的情況下才能達到的效果，同時發自腳、腰、肩的推動力亦極為重要，它可使你的肘擊威力得到成倍的增長與發揮。

　　雖然還有多種肘技可以運用，但由於篇幅所限，只能介紹到這裏，而你只要能用心練習及靈活運用，這兩肘已經夠你用的了，因為「不怕千招會，就怕一招精」，只要你潛心苦練，也完全能達到前面所述之泰拳師沙匿運用肘

法的精湛程度。

接下來為你講解的是一套有關擒拿的方法,當然,首先你不要為「詠春拳有擒拿」而感到奇怪或驚異,因為這畢竟是確實存在的事實,只不過是你以前沒有機緣接觸到此類「秘技」罷了。在接下來的第四十課中,就為你講解這記格鬥妙招。

第四十課 「括臂擒拿」練習

首先說明的是,詠春拳中雖然有擒拿的方法,但卻不是單純的擒鎖動作,而是「逢拿必打」或是「先拿後打」,以及「摔拿結合」,因為憑著你自己的勁力去鎖拿一個身材與自己差不多的人時恐怕並非易事。如此一來,也就更談不上去制伏頗為高大的對手了。

雖然擒拿的技巧性很強,但也最好是運用在突然施招的情況下,或在其他招法的引導與配合下去出其不意的制伏對手。例如,你的首發的拳打動作可用來有效地削弱對手的抵抗力和戰鬥力,從而為擒拿制伏創造有利的條件。尤其對於速成格鬥訓練來說,這一點極為重要,因為除非你有足夠的時間來將自己的力量練得非常大,只有你的力量占絕對優勢時才可順勢用單純的擒拿法將對手制伏。假如你沒有那麼多時間去發展自己的力量和身體素質,就只好來借助這種以「拿」為重點,但卻「打、拿、摔」合一的速成性格鬥技戰法了。

211

第
三
章

詠
春
拳
速
成
教
程

圖 424

圖 425

圖 426

圖 427

1.練習方法

我方以正身樁對敵（圖 424），當對方突發其右拳向我方中盤攻來時，我方可速用左臂由上至下（由裏向外）去格擋敵右臂（圖 425），改變其攻擊路線，同時突發右沖拳去重創敵面門（圖 426）。接下來，可再疾將左臂沿著敵右臂迅速上滑而變成挑臂的動作（圖 427），並用右手抓牢自己的左腕（圖 428）；然後，在猛然向右後方轉

圖 428

圖 429

體的同時，將左臂別住敵方右臂而向自己的右後方猛力牽拉，這時勢必會造成對手右臂被反向別折的狀態（圖429）。記住，我方此時是在全身整體發力的作用與催動下，突然將敵方制伏於地面。

2.動作要求

左臂格擋敵右臂要及時，要迅速去「削打」以便致使敵右臂失去戰鬥力，同時也為進一步進行擒拿打下了基礎，最為重要的是，右沖拳需與「左括手」的動作同步打出，以防敵閃避或變招。接下來的左臂上挑敵臂與右手回拉己方的左腕的動作一定要快而協調，以防敵滑脫，必要時可先往右後方撤右腳，以加大上肢與上身別壓敵方右臂的力度。

記住，己方的左前臂是壓於對方的肩部後側，然後在猛然轉體的帶動下將兩臂同時用力而將敵方的肩部往自己的右腳方向壓下，通常對方的右肩一般不會著地，不過一旦著地的話，那麼，他的肩關節便被廢掉了。整套動作一

氣呵成，以便制敵於瞬間。

到本課為止，有關詠春拳徒手格鬥的技術便介紹講解到這裏。接下來所要講授的是有關徒手去對付手持兇器的對手的方法，對於這種技法你不用感到奇怪，雖然傳統詠春拳中沒有這樣的課程，但是你能保證自己永遠也不會遇到手持兇器的狂徒嗎？請記住一句話：有備無患。況且「與時俱進」才符合技術發展規律。

第四十一課　對持短棍對手的反擊練習

在真正進入徒手對器械（兇器）的練習之前，你最好先去聽一下李小龍的忠告：「對付持器械的對手與對付徒手的對手是有很大的不同的，而且如果你是和用玩具武器或是模擬武器的攻擊者進行練習，你可能會做得很熟練，但是，當你一旦去對付一個手持真刀真槍的對手時，你便會意識到一旦失手就意味著死亡，因為街頭格鬥是沒有規則可言的，當然這時你也就會感覺到脊椎發涼，甚至全身發抖。記住，只有經常不斷地去實踐，才能使你有安全感及自信心。」通常，對付一個持鐵管、短棍或酒瓶的對手，必須掌握好時機與距離，因為一旦失手就可能會處於極其危險的境地，而且一般是沒有第二次打擊機會的，這也是街頭格鬥與擂臺搏擊的本質區別所在。

1.練習方法

我方可以自然站立姿勢對敵，也可以以前鋒樁對敵（圖430），面對手持短棒猛衝過來的對手，我方可迅速

圖 430

圖 431

圖 432

圖 433

向左側閃避或向後方閃避（圖431），以避敵鋒芒。隨後，不待對手換招再攻或收手，我方早已疾用前手抓住了其右腕（圖432），接下來應不失時機的迅速攻出快而狠的側撐腿去準確踢擊敵方肋部致命要害處（圖433），攻敵措手不及；為了進一步制伏對手，可迅速用右手抓住敵右腕並順勢向右後方進行牽帶（圖434），用以迫使對手重心前傾；同時猛發左「殺頸手」去重創敵方喉頸空檔處（圖435），在敵方意料之外得手；最後再揮右肘重重

圖 434

圖 435

圖 436

圖 437

「砍」向敵頸或頭面部等致命薄弱環節處（圖 436、437），將其擊傷或擊昏在地。

2.動作要求

閃身的動作要快，而且幅度要恰到好處，因為若閃避幅度太小，則無法有效避過對手的打擊；如幅度過大，又無法及時發起反擊行動，這就需要你多去體驗如何閃避及

閃避到什麼程度為最佳了。

進行閃避練習時，你還應根據同伴攻來的短棒的不同角度去具體練習「左閃」或是「後閃」，因為對方不同的打擊角度對你閃躲的方向的要求也不同。同時還需決定是否應變退步予以配合，以及閃避的同時是否應用右手順勢去拍抓敵右腕等等，這一切非經兩人反覆揣摩才能運用到實戰中去。

左掌的迅速前擊需與右手後牽敵右腕的動作配合好，以便加大對手受創擊的力度。右肘橫擊要準確迅猛，整套動作應於瞬間完成。而且剛開始練習時，雙方可穿上護具進行配合與對抗訓練，以便獲得真正的格鬥所需要的經驗和距離感等決定勝負的關鍵因素。

本課講解了如何對付手持棍棒類武器的對手的方法，那麼當你面對一個手持短刀的狂徒時，你又會採取什麼樣的措施呢？帶著這個問題，你可去繼續學習下一課，也是本自修教程的最後一課，雖然不能說這是關鍵性的一課，但是卻是很重要而不可缺少的一課。

第四十二課　對持短刀狂徒的反擊練習

正如李小龍生前所說的那樣：「面對持短刀或破碎酒瓶等兇狠、銳利武器的襲擊者是相當令人驚恐的，除非你具有豐富的實踐經驗與嫻熟的技術，並對所發生的情況又有充分的精神準備，否則後果將不堪設想。如果你不具備上述諸要素，就應該馬上開始進行訓練。」因為在街頭自衛中，面對持兇器的對手的情況很常見。徒手對刀（也叫

圖 438

圖 439

圖 440

「空手入白刃」）是一件難度很大的事，但卻不是一件無法達到的事。你也可能會認為這是「不可能的事」，你之所以會有這樣想法，是因為根本未從事過這方面的訓練，不過，現在就開始教你如何徒手對刀了。

1.練習方法

　　我方可以自然站立（圖 438），也可以擺前鋒樁對敵，這要根據當時的情形而定。當狂徒右手持刀向我方頭面部斜刺過來時，我方可速向左側閃身或向後側閃身以避過敵鋒芒（圖 439），而且不待敵方收手，我方早已迅速用右手抓拉住其右腕並順勢往右後方進行牽帶（圖440），以迫敵失去重心；同時果斷出右腳以側撐腿狠踢其前腿膝關節（圖 441）；接下來在右手繼續後牽敵右腕的

詠春拳速成搏擊術訓練

圖441

圖442

同時，再連續攻出左沖拳去狠擊敵方面門（圖442）。

圖443

最後，用右手抓住敵右臂並向上翻擰以迫敵右臂變為「肘心向上」，並在右手向下壓折敵右腕的瞬間以左膝向上猛頂其肘關節背面（圖443），致敵因手臂或肘關節骨折（或脫臼）而屈服。

2. 動作要求

閃身動作要快，以便迅速避過敵方的刀鋒，這也是本招法得以有效實施的第一要素。當然，我方在閃避的同時就應迅速轉入反擊而用右手去抓控敵右腕以防敵變招，在右手後牽敵腕的同時，應立即攻出右腳以破壞敵方的重心平衡。

接下來的左拳重擊需與右手後拉敵臂配合好，以加大對方受創擊的力度（高水準的拳手也可以在右手後牽敵臂的同時將右腳與左拳同時打出）。右手翻擰敵臂的目的是為了下一步用膝關節上頂其肘作好準備，當然只有將其臂擰至肘心向上時才可迅速頂斷其肘關節，這需要手與腳的高度配合。並且在膝頂之後可根據實際情況來決定是否再追加其他補充性打擊動作來徹底制伏對手。

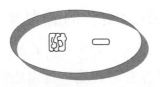

詠春拳套路—小念頭

　　「小念頭」為詠春拳最基礎、最根本的拳術套路,又可稱為「小練頭」,也是詠春拳的入門套路,它既是詠春拳的一套綜合性的基本功練習,同時它又是詠春拳中的代表性拳法,經由對這個精練的拳術套路的練習,習者可充分學習詠春拳中的各種格擋方法及攻擊技術,並進一步明瞭詠春拳中的核心技擊原理「守中用中」之準確含義。因此,雖然在練習時腳步是不動的,但卻不能由此忽略它的極高的技擊功能,它的手法尤其對於以後練習詠春拳的核心技術「黏手」及其它高級格鬥技巧都是不可替代的基礎性訓練。

　　「小念頭」雖然動作簡單,但要真正掌握好也並非易事,而且以後千變萬化的複雜格鬥招式皆由此等基本招式演變而來,正所謂最簡單的東西往往是最實用的東西,所以,你千萬不要因為它簡單就去忽略它。

　　如果練不好這套基礎性拳法,將直接關係到以後學習詠春拳的成敗,因此在本門中又流傳著一句話叫「學會了小念頭就等於學會了一半詠春拳」。

「小念頭」的練習要求

「小念頭」共計「一百零八點手法」，每個動作稱之為「一點」，當然有時候雙手齊出的動作則計做「兩點」，因為這算作是「複式」。

「小念頭」還有一大特點是整個套路均在原地打完，而事實上這樣要求的目的是用來鍛鍊下盤功力，如果一個拳手下盤不穩，他連自己站都站不穩，又如何談得上去重創對手呢？況且真正的格鬥均是「拳打臥牛之地」，像電影上的那種連飛帶跳的打鬥是不現實的；同時真實的格鬥或生死鬥也通常是瞬間即結束的。

另外，在練習「小念頭」時，剛開始的動作「一攤三伏手」要儘量慢一些去練習，以便充分放鬆身體與進一步集中精神，它的基本要求是「外鬆內緊」。當然，整套「小念頭」在練習時都要求全身放鬆，及心平氣和的去操練，並含胸拔背與頭正頸直，氣往下沉，以整體的浩然之氣來有條不紊練完整個套路。同進還要「收臀」及「箝膝」，以利於勁力的順暢發出及使自身之重心穩如鐵塔一般。

「小念頭」的勁力特點

「小念頭」在勁力上的要求首先是「捨力」，也就是應摒棄人體先天固有的「僵化或僵滯之力」，具體練習時全身放鬆，出手輕靈、敏捷、自然，而不是像一些外表剛猛的拳法那樣先是收縮肌肉再將拳法攻出，從而打出的是既慢又缺乏機動性與靈活性的「死拳」，這樣一旦遇到對手的動作與身形已變化時，己方的動作由於已經「用

死」，所以根本已無法隨對手之變而變了，這就是詠春拳「小念頭」要求「捨力」根本原因所在。況且，也只有先體會到「捨力」，才能進一步達到「卸力」的境界，並再由「卸力」去追求「借力」的高深境界。

記住，詠春拳的勁力是看似輕靈，但一旦觸及對手的身體，卻能突然「入裏透內」而產生爆炸性殺傷效果。反觀那種由僵硬或機械狀態下打出的所謂「重拳」，由於其本身缺乏足夠的彈性而僅僅是一種緩慢的「推」出的力量，所以，等拳頭接觸到目標時反而已經使勁力「消失殆盡」了。當然，這又是由輕靈狀態下出拳與僵硬狀態下出拳的一個本質性區別。

「小念頭」練習方法

放鬆並自然站立，兩腳併攏，目視前方（圖1）。

提氣，兩手握拳貼著身體向上提至胸部兩側，拳心向上，兩拳貼緊身體，收腹挺胸（圖2）。

上體動作與姿勢不變，氣在胸部摒住，同時兩膝略彎曲而使重心下降（圖3）。

圖1 圖2 圖3

　　將兩前腳掌轉向外側，同時膝關節亦分開轉向外側（圖4）。

　　以兩前腳掌為軸，而將兩腳後跟轉向外側，同時將兩膝內箝，重心平均落於兩腳上（圖5）。

　　雙拳變掌向體前插下並前後交叉（左臂在外），氣貫指尖成「交叉翦手」狀，兩臂略曲（圖6）。

　　雙臂貼緊向裏貼著身體滾（翻）上，此時仍目視前方（圖7）。

　　兩手繼續外翻變成兩手心向上的「交叉攤手」姿勢（圖8）。

　　兩手變拳並由胸前位置往胸部兩側回收（圖9）。

　　兩手握拳呈「滾手」式慢慢收至胸部兩側，完成全套「開拳」動作（圖10）。

　　接下來，左手握拳先移向人體「中線」（守中），準備向前攻出（圖11）。

　　左拳徑直向鼻子的正前方打出左「日字沖拳」，但此時肩不可前送（圖12）。

　　（圖12-1）為左「日字沖拳」的側面示範。

　　左臂仍佔據「中線」（用中），手臂仍需伸直，但左手應外轉而變為手心向上之「攤手」（圖13）。

　　手掌由外向內進行轉圈，並先轉至手心向著自己的狀態（圖14）。

再將左手繼續向外旋轉至手指朝向外側的狀態（圖15）。

等左手轉完一圈時成握拳姿勢，而此時上體一直保持未動的姿勢（圖16）。

左手握拳慢慢收回至胸側（拳心向上），並準備打出右拳（圖17）。

右拳先移向人體「中線」，並準備向前方徑直攻出（圖18）。

右拳應在呼氣的同時放鬆攻出，並仍沿「中線」打出而呈「日字沖拳」（圖19）。

右臂仍佔據「中線」（用中），手臂仍須伸直，但右手須轉為手心向上之「攤手」（圖20）。

圖15

圖16

圖17

圖18

圖19

圖20

手掌由前向後（由內向外）轉圈，而先轉至手心向著自己的狀態（圖21）。

再將右手繼續向外旋轉至手指朝向外側的狀態（圖22）。

等右手轉完一圈時成握拳姿勢，而此時上體一直保持未動（圖23）。

右手握拳慢慢收回至胸側，並準備打出下一個「左攤手」的動作（圖24）。

左拳變掌，手心向上，準備向前以「攤手」動作攻出（圖25）。

左掌沿「中線」向前慢慢伸出，直至左掌向前伸至肘部離身體約有一拳的距離為止（圖26）。

將手掌慢慢由前向後（由內向外）進行旋轉，即以手腕為中心轉向自己，使手心朝向胸部（圖27）。

　　使左掌繼續向外旋轉，並慢慢轉至手心向下（向外）的狀態（圖28）。

　　將左掌繼續繞圈旋轉至手指朝上的「護手」為止，當然「護手」仍須佔據「中線」（圖29）。

　　左掌呈立掌狀態收回至胸前，但不應貼在胸上，應與胸部相隔約一拳的距離（圖30）。

　　將立著的「護手」變成勾狀之「勾手」，此時手心對著胸部，手臂仍佔據「中線」（圖31）。

　　使左腕部與左手背朝向前方並慢慢用力向前推出，此時左手臂仍須佔據「中線」（圖32）。

左掌慢慢由前向後（由內向外）進行旋轉，使手先對向胸部再慢慢向下過渡（圖33）。

當左掌剛好轉完一圈時，恰好成立掌，此時左臂仍應佔據「中線」（圖34）。

左掌由立掌狀態慢慢收回至胸前，且與胸部相隔約一拳的距離（圖35）。

再將左掌變成「勾手」並慢慢向前推出，直至向前推至左肘離胸部約一拳的距離為止（圖36）。

接下來將左手慢慢由前向後（由內向外）進行旋轉，使手心先對向胸部再慢慢向下過渡（圖37）。

當左掌剛好轉完一圈時，恰好成立掌（圖38）。

圖33

圖34

圖35

圖36

圖37

圖38

　　將左掌收回胸前且隔一拳的距離，上述過程共做了三
個「伏手」動作，俗稱「一攤三伏手」（圖39）。

　　將左掌迅速拍（推）向右肩位置成「拍掌」，但不可
超過右肩，手心朝向右方（圖40）。

　　圖40-1為左「拍掌」之側面示範。

　　隨後左掌拉回胸前「中線」處，並使掌心朝向前方，
準備攻出（圖41）。

　　將左掌沿「中線」位置果斷打向前方成「正掌」，並
直至打至「臂直」狀態（圖42）。

　　圖42-1為左「正掌」之側面示範。

　　將左掌上翻並攤平，也就是將掌心由內向外轉至手心之「攤手」狀態（圖43）。

　　接下來再次使左掌由前向後（由內向外）進行旋轉，此時手臂是伸直的（圖44）。

　　逐漸將左掌旋轉過渡到手心斜向下的狀態（圖45）。

　　當左掌剛好轉完一圈時，可將左掌變為拳（圖46）。

　　將左拳收回至胸側，同時換氣（圖47）。

　　右拳變掌，手心向上，準備以「攤手」動作攻出（圖48）。

　　右掌沿「中線」向前伸出，直至肘部離身體約有一拳距離為止，此時右手呈「攤手」姿勢（圖49）。

　　將手掌慢慢由前向後（由內向外）進行旋轉，即以手腕為中心轉向自己，使手心朝向胸部（圖50）。

　　使右掌繼續旋轉，並慢慢轉至手心向下的狀態（圖51）。

　　將右掌繼續繞圈轉至手指向上的「護手」為止，並同時佔據「中線」（圖52）。

　　右掌呈立掌狀態收回至胸前，但應與胸部相隔約一拳的距離（圖53）。

　　將立著的「護手」變成「勾手」，此時手心對著胸部（圖54）。

使右腕部朝向前方並慢慢用力向前推出，此時右手臂需佔據「中線」（圖55）。

右掌慢慢由前向後（由內向外）進行旋轉，使手先對向胸部再慢慢向下過渡（圖56）。

當右掌剛好轉完一圈時，恰好成「立掌」，此時右臂仍需佔據「中線」（圖57）。

右掌由「立掌」狀態慢慢收回至胸前，且與胸部相隔約一拳的距離（圖58）。

再次將右掌變成「勾手」並慢慢用力向前推出（圖59）。

直至將右手向前推至右肘離胸部約一拳的距離為止，並使右臂仍佔據「中線」（圖60）。

　　再次將右掌由前向後（由內向外）進行旋轉，使手心先對向胸部再慢慢向下過渡（圖61）。

　　當右掌剛好轉完一圈時，恰好成立掌（圖62）。

　　將右掌收回胸前，上述過程也做了三個「伏手」動作，亦即「一攤三伏手」之右手動作（圖63）。

　　將右掌迅速拍向左肩位置成「拍掌」，但不可超過左肩，手心朝向左方，此時仍目視前方（圖64）。

　　（圖64-1）為右「拍掌」之側面示範。

　　隨後右掌拉回胸前「中線」處，並使掌心朝向前方（圖65）。

　　將右掌沿「中線」位置果斷（放鬆）打向前方，並直至打至「臂直」狀態（圖66）。

　　將右掌上翻並攤平，也就將掌心由內向外轉至手心之「攤手」狀態（圖67）。

　　接下來再次使右掌由前向後（由內向外）進行旋轉，此時手臂仍是伸直的（圖68）。

　　逐漸將右掌旋轉過渡到手心斜向下的狀態（圖69）。

　　當右掌剛好轉完一圈時，可將右掌變為拳（圖70）。

　　將右拳收回至胸側，同時換氣（圖71）。

圖66　圖69

圖67　圖70

圖68　圖71

左拳變掌（右手不動），但左肘不得展開（圖72）。

將左掌轉為手心向下，並放鬆打向下方（圖73）。

並在手臂打直的瞬間才將力果斷發出，亦即「寸勁」（圖74）。

接下來將右拳也變為掌，準備向下打下來（圖75）。

將右掌轉為手心向下，並放鬆打下（圖76）。

並同樣在臂打直的瞬間才將「寸勁」果斷發出，也同樣是以掌根發力（圖77）。

將左右兩掌同時上提至臀部上方，掌心向後，肘部是後收而非外展（圖78）。

圖72

圖73

圖74

圖75

圖76

圖77

圖78

　　兩掌同時以掌根發力向後（下）方果斷的打出，使兩臂成伸直狀態（圖79）。

　　（圖79-1）為上一動作的側面示範。

　　接下來再將兩掌向前收至腹前位置，使兩掌心朝向前（斜）下方（圖80）。

　　兩手掌邊向前下方攻擊邊內轉手腕，並逐漸轉至手指向上的狀態（圖81）。

　　雙掌果斷、輕快的向前下方擊出至臂直狀態（仍要用「寸勁」），此時仍目視前方（圖82）。

　　圖（82-1）為上一動作的側面示範，從圖中可以看到身體是在極穩固的狀態下做動作的。

圖79　　圖79-1　　圖80

圖81　　圖82　　圖82-1

將雙掌同時向上提起，並向兩側展開，也就是以「手刀」向後擊成「拂手」狀態（圖83）。

　　兩臂向前折回至胸前，但此時是左臂在上，右臂在下（圖84）。

　　將兩手刀再次迅速、穩妥的擊向兩側，使兩臂與地面平行，並且向後仍不得超過肩部（圖85）。

　　兩臂向前折回至胸前，但此時是右臂在上，左臂在下（圖86）。

　　兩臂先向內收並貼著身體向上翻（滾）出，至兩手心朝上的狀態（圖87）。

　　兩手轉為「枕手」並輕快的下擊，此時肘部離身體約10公分，兩手心基本上是斜對著的（圖88）。

兩肘在原位置不動，而使兩手腕向外轉為手心向上之「雙攤手」動作（圖89）。

　　（圖89-1）為「雙攤手」動作的側面示範。

　　兩掌同時向內轉為手心向下之「陰掌」狀態，並將兩掌果斷下擊，此時肘離身體約10公分（圖90）。

　　雙掌同時以「標指」向前方果斷攻出，並在手臂打直的瞬間才將勁力及時發出（圖91）。

　　圖91-1為「雙標指」動作的側面示範。

　　接下來在肘部不彎曲的情況下，以兩掌根快速下擊，將掌根打至腹前成「雙按掌「的狀態」（圖92）。

圖89

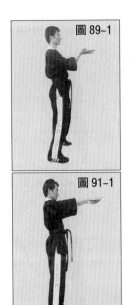

圖89-1

圖90

圖91

圖91-1

圖92

圖92-1

（圖 92-1）為「雙按掌」動作的側面示範。

兩臂仍然伸直，將兩掌變成「勾手」並以勾背果斷上擊，高度與肩平，此為「雙提手」（圖93）。

（圖 93-1）為「雙提手」的側面示範，此是重心仍沒有絲毫搖動。

兩手繼續由內向外旋轉，並轉為掌心斜向前的姿勢（圖94）。

兩手握拳，此時手臂仍處於伸直的狀態（圖95）。

將兩拳慢慢向胸部兩側回收（圖96）。

兩拳收回到胸部兩側而恢復基本的站立（準備）姿勢（圖97）。

左拳變掌，並轉為「立掌」，準備出擊（圖98）。

左掌快速拍向右肩前，但不可超過右肩，掌心朝向右方（圖99）。

左掌收回並置於胸前「中線」，但此時是轉為掌心向前及手指斜向左方的「側掌」動作（圖100）。

左掌隨呼氣動作果斷向前徑直擊出，並打至臂直狀態，此時手指仍朝向左方（圖101）。

（圖101-1）為左「側掌」動作的側面示範。

將左掌由前向後（由內向外）進行旋轉，並轉為手心高上之「攤手」狀態（圖102）。

左掌再由前向後（由內向外）進行旋轉，即先轉向胸部再向外轉（圖103）。

當左掌向外轉至一周時，便需握拳（圖104）。

將左拳收回至胸側，並準備攻出右掌（圖105）。

右拳變掌，並轉為「立掌」，準備出擊（圖106）。

右掌快速拍向左肩前，但不可超過左肩，掌心朝向左方（圖107）。

右掌收回並置於胸前「中線」，此時是轉為掌心向前及手指斜向右方的狀態（圖108）。

　　右掌隨呼氣動作果斷向前徑直擊出成「側掌」，並打至臂直狀態，此時手指仍朝向右方（圖109）。

　　（圖109-1）為右「側掌」動作的側面示範。

　　將右掌按向外旋轉，並轉為手心向上之「攤手」狀態（圖110）。

　　右掌由前向後（由內向外）進行旋轉（圖111）。

　　當轉至一周時，便需握拳（圖112）。

　　將右拳收回至胸側，並換氣，準備攻出左掌（圖113）。

圖109　圖109-1

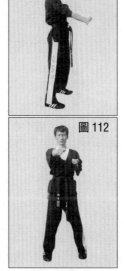

圖110

圖111　圖112　圖113

左拳變掌（掌心向上），並沿「中線」向正前方伸出（圖114）。

將左掌向前伸至肘部距離身體約一拳的距離，此時手心仍向上呈「攤手」（圖115）。

肘部不動，而將前臂向下沉（擊）下，此時手臂仍在中線上（圖116）。

左手臂繼續下擊，使左掌擋護於下腹部（圖117）。

將左手掌繼續向左下方（外側）括出成「括手」，此時手心斜向下，手臂略曲（圖118）。

將左掌向裏、向上旋轉，直至轉為手心向上之「攤手」狀態為止（圖119）。

　　將左掌由前向後（由內向外）進行旋轉，此時身體及右手均不動（圖120）。

　　將左掌繼續向外旋轉，當轉至接近一周時，也就是當手指朝向左側時便停住（圖121）。

　　左掌快速沿「中線」向正前方果斷打出呈「橫（側）掌」，至臂直狀態，並注意用「寸勁」（圖122）。

　　接下來再次將左掌轉為手心上之「攤手」狀態（圖123）。

　　將左掌由前向後（由內向外）進行旋轉，此時整個手臂是直的（圖124）。

　　當左掌旋轉接近一周時，便須握拳，並準備收回（圖125）。

　　將左拳慢慢收回至胸側，並準備攻出右掌（圖126）。

　　右拳變掌（掌心向上），並沿「中線」向正前方伸出（圖127）。

　　將右掌向前伸至肘部距離身體約一拳的距離，此時手心仍向上呈「攤手」（圖128）。

　　肘部不動，而將前臂向下沉（擊）下，此時手臂仍在中線上（圖129）。

　　右手臂繼續下擊，使右掌擋護於下腹部（圖130）。

　　將右手掌繼續向右下方（外側）括出成「括手」，此時手心斜向下，手臂略曲（圖131）。

圖126　圖127　圖128

圖129　圖130　圖131

　　將右掌向裏、向上旋轉，直至轉為手心之「攤手」狀態為止（圖132）。

　　將右掌由前向後（由內向外）進行旋轉（圖133）。

　　當右掌向外轉至接近一周時，也就是當手指朝向右側時便停住（圖134）。

　　右掌快速沿「中線」向正前方果斷打出呈「橫（側）掌」，至臂直狀態，並注意用「寸勁」（圖135）。

　　接下來再次將右掌轉為手心上之攤手（圖136）。

　　將右掌由前向後（由內向外）進行旋轉，此時整個手臂是直的（圖137）。

圖132　　圖133　　圖134

圖135　　圖136　　圖137

　　當右掌旋轉接近一周時，便須握拳，並準備收回（圖138）。

　　將右拳慢慢收回至胸側，並準備攻出左膀手（圖139）。

　　提起左肘，使肘部略高於小臂，這是本門拳術中唯一將肘部提起後進行格擋的方法（圖140）。

　　將左手臂向體前旋轉攻出，呈手肘朝上而前臂傾斜以及手心斜向外的「膀手」姿勢（圖141）。

　　（圖141-1）為左「膀手」的側面示範。

　　將左肘向下、向裏收緊，同時將左掌上翻成「攤手」（圖142）。

在「攤手」的基礎上，將手指下壓而變成掌心向前的「仰掌」姿勢（圖143）。

左掌果斷擊向正前方，直到打至臂直狀態為止（圖144）。

（圖144-1）為左「仰掌」的側面示範。

在「仰掌」的基礎上將手指上抬變與「攤手」（圖145）。

左掌由前向後（由內向外）進行旋轉，此時整個手臂是直的（圖146）。

當左掌旋轉接近一周時，便需握拳，並準備收回（圖147）。

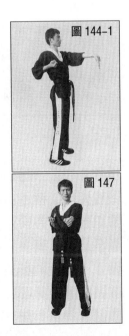

將左拳慢慢收回至胸側，並準備攻出右膀手（圖148）。

　　提起右肘，使肘部略高於小臂，同時身體保持中正姿勢（圖149）。

　　將右手臂向體前旋轉攻出，呈手肘朝上而前臂傾斜以及手心斜向外的「膀手」姿勢（圖150）。

　　圖150-1為右「膀手」的側面示範。

　　將右肘向下、向裏收緊，同時將右掌上翻成「攤手」（圖151）。

　　在攤手的基礎上，將手指下壓而變成掌心向前的「仰掌」姿勢（圖152）。

圖148　圖149　圖150

圖150-1

圖151

圖152

右掌果斷擊向正前方成「仰掌」，並需打至臂直狀態為止（圖153）。

（圖153-1）為「仰掌」之側面示範。

在「仰掌」的基礎上將手指上抬變成「攤手」（圖154）。

右掌由前向後（由內向外）進行旋轉，此時整個手臂是直的（圖155）。

當右掌旋轉接近一周時，便須握拳，並準備收回（圖156）。

將右拳慢慢收回至胸側，並準備攻出左手（圖157）。

圖153　圖153-1　圖154

圖155　圖156　圖157

詠春拳速成搏擊術訓練

　　左拳變掌並迅速插向身體正前方，使整條手臂斜橫在體前，此時左手呈「陰掌」（圖158）。

　　右拳亦變掌並放在左手臂上方，此時右手心向上（圖159）。

　　右掌翻為掌心向下並削下的同時，左手也轉為手心向上並回抽，逐漸完成「脫手」動作（圖160）。

　　（圖160-1）為左「脫手」之側面示範。

　　當右臂向下削盡的同時，左臂也同時收回至胸前，不過此時已變為右手心向下（圖161）。

　　將左手放在右手臂上方，準備向下削出左掌，同時右掌回抽，逐漸完成右「脫手」動作（圖162）。

（圖 162-1）為右「脫手」之側面示範。

當左手掌向下削至臂直狀態的同時，右手也轉為手心向上並用力回抽（圖 163）。

接下來將右掌放在左手臂上方並準備削下（圖 164）。

當右掌向下削至臂直的同時，左掌也變拳並收回到胸側，以上為左右共三式之「脫手」（圖 165）。

將左「日字沖拳」沿「中線」迅速從右拳上面打向正前方，高度約與胸齊，右拳則置於左肘彎處（圖 166）。

左拳應果斷出擊，並且是放鬆攻出，同時要求在打至「臂直狀態」的瞬間才迅速將力發出（圖 167）。

圖 162-1　圖 163　圖 164

圖 165　圖 166　圖 167

（圖167-1）為左「日字沖拳」的側面示範。

接下來在左拳回收的同時，右「日字沖拳」已經又從左拳上側果斷出擊（圖168）。

當右拳打直並將力發盡的同時，左拳已收回至右肘彎處（圖169）。

（圖169-1）為右「日字沖拳」的側面示範。

接下來在右拳回收的同時，左「日字沖拳」又已經果斷從「中線」出擊（圖170）。

當左沖拳打直的同時，右拳已收回於左肘彎處（圖171）。

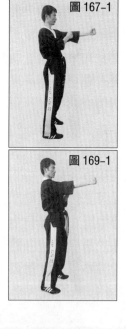

圖167-1　圖168　圖169

圖169-1　圖170　圖171

　　接下來在左拳回收的同時，右「日字沖拳」已經果斷出擊（圖172）。

　　當右拳打直並將力發盡的同時，左拳已收回至右肘彎處（圖173）。

　　接下來在右拳回收的同時，左「日字沖拳」又已經果斷出擊（圖174）。

　　當左沖拳打直的同時，右拳已收回於左肘彎處（圖175）。

　　接下來在左拳回收的同時，右拳再次由「中線」果斷出擊（圖176）。

　　當右拳打直的同時，左拳已收回於左胸側（圖177）。以上共六拳，為詠春中最著名之「連環沖捶」。

圖172　　圖173　　圖174

圖175　　圖176　　圖177

將右拳變為手心向上之「攤手」（圖178）。

右掌由前向後（由內向外）進行旋轉，此時整個手臂是直的（圖179）。

當右掌旋轉接近一周時，便需握拳，並準備收回（圖180）。

將右拳慢慢收回至胸側，此時仍目視前方（圖181）。

將兩腳靠攏（圖182）。

將兩拳放下還原成自然站立姿勢（圖183）。

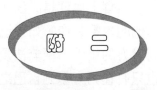

詠春拳套路—尋 橋

　　「尋橋」為詠春拳的中級拳術套路，又可稱為「沉橋」，主要練習高效能的防禦方法與極為巧妙的反擊方法。可能有些人會問，為何在練習了「小念頭」這一基本功性質的套路後，不馬上學習一些攻擊性極強的技術呢？

　　在這裏，我們都知道詠春拳由一位偉大的女性所創，因此在技術上是先求自保，然後在良好的防護技術的基礎上再去有效的攻擊對手，高手之爭，往往一兩招就可決定勝負，因此，在這種情況下一旦被對手擊中，將會造成極大的損傷。所以說真正的武術高手，首先是一位防禦技術高強的人。俗話說「殺敵三千，自殺八百」，只有具備良好的防禦技術，才能自如應付劇烈的生死格鬥。

「尋橋」的意義

　　「尋橋」的通俗講法就是「尋找橋手」的意思，在這裏可能有些人又要問了，前面不是說「尋橋」主要用來練習防禦技術嗎？既然以防禦技術為主，又如何去「尋找」橋手呢？答案是這樣的，所謂的「尋找」，是去主動尋找

敵方已攻來的橋手，事實上也就是設法在敵方攻到自己之前去攔截或破壞掉他的攻擊動作，如果己方不能在對方攻到自己之前尋找到對方的橋手，絕無法及時做出有效的防禦及反擊動作。也只有在對方擊到自己之前、或在其攻擊的半途中予以有效的破壞與攔截，才是保全自己安全的最佳策略。當你能輕易攔截及破壞掉對方的攻擊，以及自身防護技術嫺熟而將自身保護的如「銅牆鐵壁」一般，在格鬥中還有何懼？記住，信心是取得勝利的根本保證。

「尋橋」的練習要求

練習「尋橋」時首先需下盤穩固，若下盤空虛則一切皆虛，同時起腳與進步還要輕靈、敏捷，因為「尋橋」中多步法與腿法的運用。另外，防守時還要求身體要中正挺拔，頭部不得前俯後仰，因為若後仰過多則必失重，若前俯太多又必為敵擊中。同時無論是膀手還是擒攔動作，都要兩手兼顧，只有兩手協調配合以及上下也同時進行有效的配合，才可使全身形成一個完整的防禦體系。

也就是以兩手防護中上盤，以下肢之轉馬與靈活的步法來防護下盤。

「尋橋」練習方法

放鬆並自然站立，兩腳併攏，並挺胸收腹，目視前方（圖 184）。

圖 184

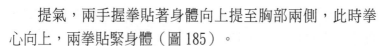
提氣，兩手握拳貼著身體向上提至胸部兩側，此時拳心向上，兩拳貼緊身體（圖185）。

上體動作與姿勢不變，氣在胸部摒住，同時兩膝略彎曲而使重心下降（圖186）。

將兩前腳掌轉向外側，同時膝關節亦分開轉向外側（圖187）。

以兩前腳掌為軸，而將兩腳後跟轉向外側，同時將兩膝內箝，重心平均落於兩腳上（圖188）。

雙拳變掌向體前插下並前後交叉（左臂在外），同時氣貫指尖成「交叉窣手」狀，臂略曲（圖189）。

先將兩肘向上提起，並使雙臂貼緊向裏貼著身體滾（翻）上（圖190）。

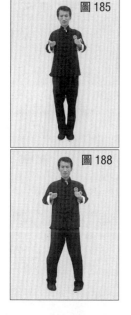

　　兩手臂繼續外翻，直至兩手變為兩手心向上的「交叉攤手」姿勢為止（圖191）。

　　兩手變拳置於肩前位置，目仍視前方（圖192）。

　　兩拳呈「滾手」式慢慢收至胸部兩側，完成全套「開拳」動作（圖193）。

　　左手握拳先移向人體「中線」（守中），並準備向鼻子的正前方打出「曰字沖拳」（圖194）。

　　左拳放鬆打出，並在手臂打直的瞬間才將力道果斷發出，也就是以「寸勁」將拳打出（圖195）。

　　左臂仍佔據「中線」，手臂仍需伸直，但左手應轉為手心向上之「攤手」（圖196）。

圖191　圖192　圖193

圖194　圖195　圖196

手掌轉圈而由內向外旋轉呈「伏手」（圖197）。

左手繼續旋轉而向外轉至手心斜向下的狀態（圖198）。

等左手轉完一圈時呈握拳姿勢，而此時上體一直保持不動（圖199）。

將左拳慢慢往胸側收回（圖200）。

當左拳收回至胸側後，應準備打出右沖拳（圖201）。

右拳先移向「中線」，並在呼氣的同時擊出，沿「中線」快速打出（圖202）。

圖197

圖198

圖199

圖200

圖201

圖202

　　右拳放鬆並以「寸勁」將拳打出，手臂應打盡並打直（圖 203）。

　　右臂仍佔據「中線」（用中），但右手應轉為手心向上之「攤手」（圖 204）。

　　右手掌由前向後進行轉圈，也就是先向著身體方向旋轉然後再向外過渡（圖 205）。

　　右手繼續外轉至手心斜向下的狀態（圖 206）。

　　等右手轉完一圈時成握拳姿勢，而此時上體一直保持不動（圖 207）。

　　右手握拳慢慢向胸側收回（圖 208）。

圖 203　　圖 204　　圖 205

圖 206　　圖 207　　圖 208

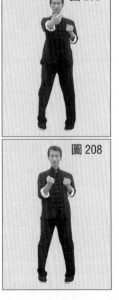

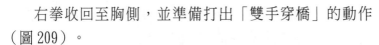
右拳收回至胸側，並準備打出「雙手穿橋」的動作（圖209）。

雙拳變掌並置於胸前，手心向內，準備以手指為攻擊力點向前方直線攻出（圖210）。

雙掌沿「中線」攻出，並在手臂攻直的瞬間才將力果斷發出，完成「雙手穿橋」的動作（圖211）。

（圖211-1）為「雙手穿橋」動作的側面示範。

在下肢向左方轉馬的同時，兩手臂亦收回於胸前，而且左臂在上，並將左肘向左後方打出（圖212）。

下肢迅速向右方轉馬（180度），同時將右肘向右後方打出，此時目視右前方（圖213）。

圖209　圖210　圖211

圖211-1　圖212

圖213

下肢再迅速向左方轉馬（180 度），同時將左肘向左後方打出，此時目視左前方（圖 214）。

將兩臂向前方伸開，呈兩手心向下之「雙伏手」狀態（圖 215）。

下肢不動，同時兩肘也不動，將兩手掌往上、往外翻成「雙攤手」狀（圖 216）。

（圖 216-1）為「雙攤手」動作的正面示範。

接下來將左臂略上提，並將右掌向下拍向左前臂之接近肘彎處，完成「拍手」動作（圖 217）。

（圖 217-1）為「拍手」動作的正面示範。

隨後將右臂上提，並將左掌向下拍向右前臂之接近肘彎處的部位，再次完成「拍手」動作（圖218）。

然後，將左臂略上提的同時，再將右掌向下拍向左前臂之接近肘彎處的部位（圖219）。

左掌回收的同時，及時攻出右「正掌」，而且在右臂打直的同時，左掌亦恰好收於右肘內側（圖220）。

（圖220-1）為右「正掌」動作的正面示範。

右掌回收的同時，及時攻出左「正掌」，而且在左臂打直的同時，右掌亦恰好收於左肘內側（圖221）。

左掌回收的同時迅速攻出右掌，同時將左掌變拳並收回胸側，以上共完成三次正掌攻擊（圖222）。

圖218

圖219

圖220

圖220-1

圖221

圖222

　　（圖 222-1）為最後一次右「正掌」動作的正面示範。

　　下肢迅速向右方轉馬至面朝向右方，同時右手以「攔手」由胸前擋出，此時目視前方（圖 223）。

　　左手向前伸出，並置於右腕內側，此時兩掌交叉，掌心均向著胸部（圖 224）。

　　身體向左轉 45 度，同時將右臂變成「膀手」，而左手則變成「護手」置於胸前（圖 225）。

　　（圖 225-1）為右「膀手」動作的側面示範。

　　接下來身體再向右轉 45 度（回復朝向右方的姿勢），同時將右臂變成「攔手」（圖 226）。

左手向前伸出，並置於右腕內側，此時兩掌交叉，掌心均向著胸部（圖227）。

身體再次向左轉體45度，同時將右臂變成「膀手」，而左手則變成「護手」置於胸前（圖228）。

接下來身體再向右轉45度（回復面朝右方的姿勢），同時將右臂變成「攔手」（圖229）。

左手再次向前伸出，並置於右腕內側，此時兩掌交叉，掌心均向著胸部（圖230）。

身體再次向左轉體45度，同時將右臂變成「膀手」，從而共完成三次「轉身膀手」動作（圖231）。

隨後再度向右轉體45度，同時將右臂變成「攔手」（圖232）。

圖227

圖228

圖229

圖230

圖231

圖232

左拳也應收至胸前，準備由「中線」攻出左「日字沖拳」（圖233）。

　　右手在迅速由「攔手」向後收回於胸側的同時，左「日字沖拳」也已果斷向正前方攻出（圖234）。

　　（圖234-1）為左「日字沖拳」動作的正面示範。

　　隨後將左拳變掌並向後方打出（對付背後偷襲之敵），同時身體也向左轉體至正對前方（圖235）。

　　左臂再由身體左側收回至身體正中成手心向下之伏手狀（圖236）。

　　將右掌前伸而貼在左肘關節處，準備向前削出（圖237）。

圖233　圖234

圖234-1

圖235　圖236　圖237

右掌邊向前削邊轉為掌心向下，而左掌則邊回收邊轉為掌心向上（圖238）。

當右掌快速向前削打至臂直狀態時（在中線上），左掌亦早已變拳並收回胸側（圖239）。

右臂仍佔據「中線」，手臂仍需伸直，但右手應向上轉為「攤手」（圖240）。

右手掌由前向後（由內向外）進行轉圈（圖241）。

等右手轉完一圈時成握拳姿勢，而此時上體一直保持不動（圖242）。

右手握拳慢慢收回至胸側，並準備再次打出「雙手穿橋」的動作（圖243）。

圖238

圖239

圖240

圖241

圖242

圖243

雙拳變掌並置於胸前，手心向內，準備以手指為攻擊力點向前攻出（圖244）。

雙掌沿「中線」迅速攻出，並在手臂接近攻直的瞬間才將力果斷發出，此時手心仍向內（圖245）。

在下肢向右方轉馬的同時，兩手臂亦收回於胸前，而且右臂在上，並將右肘向右後方打出（圖246）。

下肢迅速向左方轉馬（180度），同時將左肘向左後方打出，此時目視前方（圖247）。

下肢再迅速向右方轉馬（180度），同時將右肘向右後方打出，此時目視正前方（圖248）。

將兩臂向前方伸開，呈兩手心向下之「雙伏手」狀（圖249）。

圖244

圖245

圖246

圖247

圖248

圖249

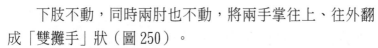

　　下肢不動，同時兩肘也不動，將兩手掌往上、往外翻成「雙攤手」狀（圖250）。

　　接下來將右臂略上提的同時，將左掌向下拍向右前臂之接近肘彎處，完成「拍手」動作（圖251）。

　　（圖251-1）為左「拍手」動作的正面示範。

　　隨後，將左臂略上提的同時，將右掌向下拍向左前臂之接近肘彎處的部位（圖252）。

　　然後，將右臂略上提的同時，再將左掌向下拍向右前臂之接近肘彎處的部位（圖253）。

　　右掌回收的同時，及時攻出左「正掌」，並在左臂打直的同時，右掌亦恰好收於左肘內側（圖254）。

圖250　圖251　圖251-1　圖252　圖253　圖254

　　左掌回收的同時，及時攻出右「正掌」，並在右臂打直的同時，左掌亦恰好收於右肘內側（圖255）。

　　右掌回收的同時攻出左掌，在左臂打直同時，右掌已變拳收回於胸側，以上共完成三次正掌攻擊動作（圖256）。

　　（圖256-1）為左「正掌」動作的正面示範。

　　下肢速向左方轉馬至面朝左方，同時左手以「攔手」由胸前向後擋出，此時目視左前方（圖257）。

　　（圖257-1）為左「攔手」動作的正面示範。

　　右手向前伸出，並置於左腕內側，此時兩掌交叉，掌心均向著胸部（圖258）。

　　身體向右轉 45 度，同時將左臂變成「膀手」，而右手則變成「護手」置於胸前（圖 259）。

　　（圖 259-1）為左「轉身膀手」動作的正面示範。

　　接下來身體再向左轉 45 度（回復朝向左方的姿勢），同時將左臂變成「攔手」（圖 260）。

　　右手向前伸出，並置於左腕內側，此時兩掌交叉，掌心均向著胸部（圖 261）。

　　身體再次向右轉體 45 度，同時將左臂變成「膀手」，而右手則變成「護手」置於胸前（圖 262）。

　　接下來身體再向左轉 45 度（回復面朝左方的姿勢），同時將左臂變成「攔手」（圖 263）。

圖 259

圖 259-1

圖 260

圖 261

圖 262

圖 263

　　右手向前伸出，並置於左腕內側，此時兩掌交叉，掌心均向著胸部（圖264）。

　　身體再次向右轉體45度，同時將左臂變成「膀手」，而右手則變成「護手」置於胸前（圖265）。

　　接下來身體再向左轉45度（回復面朝左方的姿勢），同時將左臂變成「攔手」（圖266）。

　　將右掌變拳並收至胸前，準備由「中線」攻出右「日字沖拳」（圖267）。

　　左手迅速由「攔手」向後收回於胸側的同時，右「日字沖拳」也已果斷攻出並將臂打直（圖268）。

　　隨後將右拳變掌並向右後方打出（對付背後偷襲之敵），同時身體也向右方轉體至正對前方（圖269）。

圖264　圖265　圖266

圖267　圖268　圖269

右臂由身體右側收回至身體正中成手心向下之伏手狀（圖270）。

將左掌掌心向上並貼在右肘關節處，準備向前削出（圖271）。

左掌邊往前削邊轉為掌心向下，右掌則邊回抽邊轉為掌心向上（圖272）。

當左掌快速向前削打至臂直狀態時（在中線上），右掌亦早已變拳並收回胸側（圖273）。

左臂仍佔據「中線」，手臂仍需伸直，但左手需向上轉為「攤手」（圖274）。

左手掌轉圈而由前向後進行旋轉，即向著身體方向進行旋轉（圖275）。

圖270　圖273

圖271　圖274

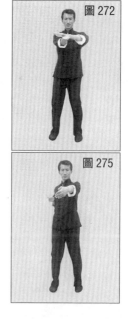

圖272　圖275

等左手轉完一圈時成握拳姿勢，而此時上體一直保持未動（圖276）。

　　左手握拳慢慢收回至胸側，並準備向左轉體攻出左手及「左直撐腿」（圖277）。

　　左拳變掌由「中線」向胸前伸出，成「攤手」狀（圖278）。

　　然後在向左轉馬成面向左方的同時，將左臂也向左後方攔或擋出（圖279）。

　　向上提起左膝準備攻出左前踢（直撐腿），此時支撐腿與上體均需穩固（圖280）。

　　左腳沿「中線」果斷向正前方踢出，完成「直撐腿」動作，目視前方（圖281）。

（圖281-1）為左「直撐腿」動作的正面示範。

左腳踢盡、踢直時並不回收，而是由原位置直接下落（圖282）。

在左腳踏地的動力引導下，將右腳向前跟進一步，同時右臂變成「膀手」，左手則成「護手」立於胸前（圖283）。

接下來將兩手下翻（滾動）變成手心向上的姿勢，此時兩手仍交叉於胸前（圖284）。

隨後在前踏左腳之後再立即跟上右腳，上體也同樣變成「側身膀手」狀（圖285）。

接下來將兩手再次下翻（滾動）變成手心向上的姿勢，並仍交叉於胸前（圖286）。

詠春拳速成搏擊術訓練

隨後再在向前踏左腳的同時，立即跟上右腳，上體也同樣變成「側身膀手」狀（圖287）。

接下來將兩手再次下翻（滾動）變成手心向上的姿勢，並仍交叉於胸前（圖288）。

隨後再在向前踏左腳的同時，立即跟上右腳，上體也同樣變成「側身膀手」狀（圖289）。

將右手變拳並略向下引，準備向左前方攻出右拳（圖290）。

借向左轉體之勢快速攻出由下向上的右「抽撞拳」（近似於拳擊之「上勾拳」），左手則變拳並收回到胸側（圖291）。

（圖291-1）為右「抽撞拳」動作的正面示範。

身體右轉 90 度而回復面向正前方的正身姿勢，同時右拳也變掌並借轉體之勢以伏手擋護於體前（圖 292）。

將左拳變掌貼放於右前臂上，準備向前削出（圖 293）。

左掌邊往前削邊轉為掌心向下，右掌則邊回抽邊轉為掌心向上（圖 294）。

在左掌向前削盡至臂直時，右掌已變拳並收回於胸側（圖 295）。

左臂仍佔據「中線」，手臂仍伸直，但左手需向上轉為「攤手」（圖 296）。

左手掌轉圈而由前向後進行旋轉，即向著身體方向進行旋轉（圖 297）。

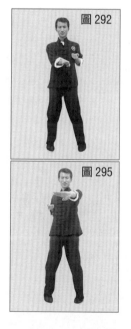

圖 292　圖 295

圖 293　圖 296

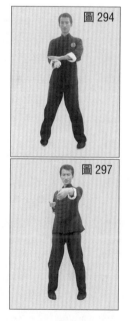

圖 294　圖 297

等左手轉完一圈時成握拳姿勢，而此時上體一直保不動（圖298）。

左手握拳收回至胸側，並準備向左轉體攻出右手及「右直撐腿」（圖299）。

右拳變掌由「中線」向胸前伸出，成「攤手」狀（圖300）。

然後在向右轉馬成面向右方的同時，將右臂也向右後方攔或擋出（圖301）。

向上提起右膝準備攻出右前踢（直撐腿），此時支撐腿與上體均需穩固（圖302）。

右腳沿中線果斷向正前方踢出成「直撐腿」，目視前方（圖303）。

圖298　圖299　圖300

圖301　圖302　圖303

（圖 303-1）為右「直撐腿」動作的正面示範。

右腳踢盡、踢直時並不回收，而是由原位置直接下落（圖 304）。

在右腳踏地的動力引導下，將左腳向前跟進一步，同時左臂變成「膀手」，右手則成「護手」立於胸前（圖 305）。

接下來將兩手下翻（滾動）變成手心向上的姿勢，此時兩手仍交叉於胸前（圖 306）。

隨後在前踏右腳之後再立即跟上左腳，上體也同樣變成「側身膀手」狀（圖 307）。

接下來將兩手再次下翻（滾動）變成手心向上的姿勢，並仍交叉於胸前（圖 308）。

圖 303-1

圖 304

圖 305

圖 306

圖 307

圖 308

隨後再在向前踏右腳的同時，立即跟上左腳，上體也同樣變成「側身膀手」狀（圖309）。

　　接下來將兩手再次下翻（滾動）變成手心向上的姿勢，並仍交叉於胸前（圖310）。

　　隨後再在向前踏右腳的同時，立即跟上左腳，上體也同樣變成「側身膀手」狀（圖311）。

　　將左手變拳並略向下引，準備向右前方攻出左拳（圖312）。

　　借向右轉體之勢快速攻出由下向上的「抽撞拳」（仍沿中線打出），右手則變拳並收回到胸側（圖313）。

　　身體左轉90度而回復面向前方的正身姿勢，同時左拳也變掌並借轉體之勢以伏手擋護於體前（圖314）。

圖309　圖310　圖311

圖312　圖313　圖314

將右拳變掌貼放於左前臂上，準備向前削出（圖315）。

右掌邊往前削邊轉為掌心向下，左掌則邊回抽邊轉為掌心向上（圖316）。

在右掌向前削盡至臂直時，左掌已變拳並收回於胸側（圖317）。

右臂仍佔據「中線」，手臂仍伸直，但右手需向上轉為「攤手」（圖318）。

右手掌由前向後進行旋轉，即先向著身體方向進行旋轉（圖319）。

等右手轉完一圈時成握拳姿勢，而此時上體一直保持不動（圖320）。

圖315

圖316

圖317

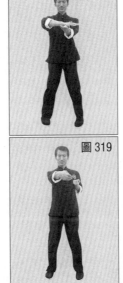

圖318

圖319

圖320

右手握拳收回至胸側，並準備向左轉體攻出「左前踢腿」（圖 321）。

向左轉馬而變成臉部正對左方的姿勢，上體則保持不變（圖 322）。

左膝迅速向上提起（腳尖上勾），準備攻出左正蹬腿（圖 323）。

左正蹬腿應沿「中線」果斷向正前方快速踢出呈「左直撐腿」（圖 324）。

（圖 324-1）為左「直撐腿」動作的正面示範。

左腳踢盡後並不回收，而由原位置直接下落，同時將右腳向前跟進一步，雙臂變成「低位膀手」（圖 325）。

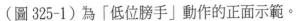

（圖 325-1）為「低位膀手」動作的正面示範。

接下來再將兩肘下拉與裏扣，同時使兩手外翻變成「雙攤手」（圖 326）。

將左腳快速前踏一小步，雙臂也再次變成「低位膀手」（圖 327）。

同時跟進右腳，並將兩肘下拉與裏扣而使兩手外翻變成「雙攤手」（圖 328）。

再將左腳前踏一小步，同時將雙臂也再次變成「低位膀手」（圖 329）。

接下來跟進右腳，並將兩肘下拉與裏扣使兩手外翻變成「雙攤手」（圖 330）。

圖 325-1

圖 326

圖 327

圖 328

圖 329

圖 330

再將左腳前踏一小步，同時將雙臂也再次變成「低位膀手」（圖 331）。

在向前跟進右腳與左腳併攏的同時，將兩手手背對相並向前上方標出（圖 332）。

將兩手轉為手心向下並同時向下按下，用來破壞對手的中位攻擊（圖 333）。

雙掌放鬆（快速）攻出，以掌根發力向前打出成「雙印掌」動作（圖 334）。

（圖 334-1）為「雙印掌」動作的正面示範。

兩臂外旋而轉為手心向上的姿勢，同時兩掌變拳，準備回收（圖 335）。

　　兩臂貼著身體收回到胸部兩側（圖336）。

　　接下來右腳沿直線往後退一小步，準備向右後方轉身（圖337）。

　　下肢在踏穩的基礎上向右後方轉馬180度，變成臉部正對右方的姿勢（圖338）。

　　右膝迅速向上提起（腳尖上勾），準備攻出右直撐腿（圖339）。

　　右正蹬腿應沿「中線」果斷向正前方快速踢出成「右直撐腿」（圖340）。

　　（圖340-1）為「右直撐腿」動作的正面示範。

右腳踢盡後並不回收，而由原位置直接下落，同時雙臂變成「低位膀手」（圖341）。

接下來將左腳向前跟進一步，並將兩肘下拉與裏扣而使兩手外翻變成「雙攤手」（圖342）。

將右腳快速前踏一小步，雙臂也再次變成「低位膀手」（圖343）。

向前跟進左腳，並將兩肘下拉與裏扣使兩手外翻變成「雙攤手」（圖344）。

再將右腳前踏一小步，同時將雙臂也再次變成「低位膀手」（圖345）。

接下來將左腳前踏一小步，同時使兩手外翻變成「雙攤手」（圖346）。

圖341　圖342　圖343

圖344　圖345　圖346

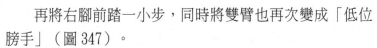

再將右腳前踏一小步，同時將雙臂也再次變成「低位膀手」（圖 347）。

在向前跟進左腳與右腳併攏的同時，將兩手手背相對向前上方標出（圖 348）。

將兩手轉為手心向下並同時向下按下，用來破壞對手的中位攻擊（圖 349）。

雙掌放鬆（快速）攻出，以掌根發力（用寸勁）將兩臂向前打出至臂直狀態（圖 350）。

兩臂外旋而轉為手心向上的姿勢，同時兩掌變拳，準備回收（圖 351）。

兩臂（兩拳）貼著身體收回到胸部兩側（圖 352）。

圖 347

圖 350

圖 348

圖 351

圖 349

圖 352

接下來左腳沿直線往後踏一小步，並同時向左方轉身變成臉部正對前方的正身姿勢（圖353）。

　　接下來再向左方轉體90度，並將重心集中在右腳上，同時提起左腳準備向左方攻出（圖354）。

　　左腳向左後方沿直線迅速蹬出（腳尖斜向左方），完成「斜撐腿」動作（圖355）。

　　（圖355-1）為「斜撐腿」動作的正面示範。

　　當左腳蹬直後直接落地，右腳則向前跟步，同時身體右轉45度，左拳變掌快速按於體前成「按掌」，右手則以「護手」立於胸前（圖356）。

　　（圖356-1）為左「按掌」動作的側面示範。

身體轉向左方，左手收回成「護手」立於胸前，右掌則迅速按於體前（圖357）。身體再次轉向右方，左掌則迅速按於體前，右掌則變拳收於胸側（圖358）。

將身體左轉變成正對前方，同時左掌變拳並隨轉體之勢由下向上抽起變為沖拳打出，完成「彈橋沖拳」的動作（圖359）。

接下來身體再次轉向左方，同時將右掌迅速按於體前，左掌則變拳收於胸側（圖360）。

將身體右轉變成正對前方，同時右掌變拳並隨轉體之勢由下向上抽起變為沖拳打出，完成右「彈橋沖拳」的動作（圖361）。

隨後身體再次轉向右方，左掌則迅速按於體前，右掌

圖357

圖358

圖359

圖360

圖361

圖362

則變拳收於胸側（圖362）。

　　將身體左轉變成正對前方，同時左掌變拳並隨轉體之勢由下向上抽起變為沖拳打出，完成左「彈橋沖拳」的動作（圖363）。

　　將左拳由握拳狀態往回收回（圖364）。

　　將左拳收回至胸側，同時往左方轉身，準備攻出左腳（圖365）。

　　右腳往左腳跟處踏進一小步，同時迅速向上提起左膝（圖366）。

　　左腳向左方踢出成側身狀態的「側撐腿」，此時支撐腿需穩固（圖367），剛開始練習時可以先踢低一些。

　　（圖367-1）為左「側撐腿」動作的正面示範。

　　右腳踢完後先回收再落下，變成面對正前方的正身姿勢（圖 368）。

　　接下來往右方轉身，準備提膝攻出右腳（圖 369）。

　　左腳往右腳跟處踏進一小步，同時迅速向上提起右膝（圖 370）。

　　右腳向右方踢出成側身狀態的「右側撐腿」，此時支撐腿須穩固（圖 371）。

　　（圖 371-1）為右「側撐腿」動作的正面示範。

　　隨後將右腳先回收再落下，同時向右方轉體至面向正前方的正身姿態，此時兩拳拉至「中線」，並將右拳由左拳上側攻出（圖 372）。

（圖 372-1）為上一動作的正面示範。

將右拳迅速沿「中線」向前打出至臂直狀態，而左拳則收護於右肘關節處（圖 373）。

在右拳回收的同時，將左拳貼住右拳上側向正前方果斷打出（圖 374）。

將左拳由右手臂上側快速打出至臂直狀態，而右拳則收護於左肘關節處（圖 375）。

（圖 375-1）為左「曰字沖拳」的側面示範。

在左拳回收的同時，將右拳貼住左拳上側向正前方果斷打出（圖 376）。

將右拳放鬆（快速）打出至臂直狀態，而左拳則收回

圖 372-1　　圖 373　　圖 374

圖 375　　圖 375-1　　圖 376

於左胸側處（圖377）。

右臂仍佔據「中線」，手臂仍裏面伸直，但右手應轉為「攤手」（圖378）。

右手掌由前向後進行旋轉，也就是先向著身體方向旋轉（圖379）。

等右手轉完一圈時成握拳姿勢，而此時上體一直保持不動（圖380）。

右手握拳慢慢收回至胸側，準備「收拳」（圖381）。

將兩腳裏收靠攏（圖382）。

兩拳貼著身體放下，恢復自然站立狀態（圖383）。

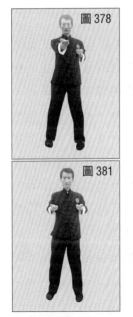

圖377

圖378

圖379

圖380

圖381

圖382

圖383

詠春拳速成搏擊術訓練

後　記

　　有關詠春拳的常用格鬥技法就先介紹到這裡，透過對這些技法的練習，你當會理解詠春拳的深層格鬥含義和原理，筆者撰寫本書的目的，一是讓你在最短的時間內學會最有用的格鬥技法；二是讓你體會武術不斷發展進化的真理與真義，也就是等到你熟悉本書所講解的技法後，可以利用詠春拳的原理去發展屬於自我的「格鬥技法」。換言之，你雖然學習了詠春拳，但應跳出詠春拳的框框和束縛，因爲沒有任何一門拳法可以稱得上「完美」，也沒有任何一門拳術可以包攬所有門派的精華，這種說法雖然傳統詠春拳的擁護者們不願聽，但卻符合現實情況。

　　筆者雖然練習詠春拳十數年，但仍深感在技術方面欠缺，這也是筆者十幾年來一直不斷勤修苦練的原因所在。詠春拳作爲一門相當完整的拳學，所包含的內容亦極爲廣泛，除了本書所講解的由簡至繁的格鬥技法之外，尚有一系列的功力訓練方法及適合有一定基礎者練習的更爲高深的格鬥技法。或者說，如果你想進一步系統地學全或學完詠春拳，可以直接寫信給筆者，因爲筆者的另一本全面講解詠春拳木人樁、黏手、寸勁、套路及高級格鬥技巧的《詠春拳高級格鬥訓練》亦馬上就要出版。

　　作者通信地址：廣東省珠海市拱北郵政信箱 208 號，郵編 519020。

　　作者網址：www.chinajkd.net62

導引養生功

1 疏筋壯骨功＋VCD
定價350元

2 導引保健功＋VCD
定價350元

3 頤身九段錦＋VCD
定價350元

4 九九還童功＋VCD
定價350元

5 舒心平血功＋VCD
定價350元

6 益氣養肺功＋VCD
定價350元

7 養生太極扇＋VCD
定價350元

8 養生太極棒＋VCD
定價350元

9 導引養生形體詩韻＋VCD
定價350元

10 四十九式經絡動功＋VCD
定價350元

張廣德養生著作　每冊定價350元

全系列為彩色圖解附教學光碟

輕鬆學武術

1 二十四式太極拳＋VCD
定價250元

2 四十二式太極拳＋VCD
定價250元

3 八式十六式太極拳＋VCD
定價250元

4 三十二式太極劍＋VCD
定價250元

5 四十二式太極劍＋VCD
定價250元

6 二十八式木蘭拳＋VCD
定價250元

7 三十八式木蘭扇＋VCD
定價250元

8 四十八式太極劍＋VCD
定價250元

彩色圖解太極武術

1 太極功夫扇

定價220元

2 武當太極劍
定價220元

3 楊式太極劍
定價220元

4 楊式太極刀

定價220元

5 二十四式太極拳 +VCD

定價350元

6 三十二式太極劍 +VCD
定價350元

7 四十二式太極劍 +VCD
定價350元

8 四十二式太極拳 +VCD

定價350元

9 楊式十八式太極劍拳

定價350元

10 楊氏二十八式太極拳 +VCD

定價350元

11 楊式太極拳四十式 +VCD

定價350元

12 陳式太極拳五十六式 +VCD
定價350元

13 吳式太極拳五十六式 +VCD

定價350元

14 精簡陳式太極拳八式十六式

定價220元

15 精簡吳式太極拳三十六式 拳架·推手

定價220元

16 夕陽美功夫扇

定價220元

17 綜合四十八式太極拳 +VCD

定價350元

18 三十二式太極拳 四段

定價220元

19 楊式三十七式太極拳 +VCD

定價350元

20 楊氏五十一式太極劍 +VCD

定價350元

21 嫡傳楊家太極拳精練二十八式
定價220元

22 嫡傳楊家太極劍五十一式

定價220元

23 嫡傳楊家太極刀十三式
定價220元

醫療養生氣功

定價250元

2 中國氣功圖譜

定價250元

3 少林醫療氣功精粹

定價250元

4 龍形實用氣功

定價220元

5 魚戲增視強身氣功

定價220元

7 道家玄牝氣功

定價200元

山家秘傳祛病功
定價160元

9 少林十大健身功

定價180元

10 中國自控氣功

定價250元

11 醫療防癌氣功

定價250元

12 醫療強身氣功

定價250元

13 醫療點穴氣功

定價250元

中國八卦如意功
定價180元

15 正宗馬禮堂養氣功

定價420元

16 秘傳道家筋經內丹功

定價300元

17 三元開慧功

定價250元

18 防癌治癌新氣功

定價180元

19 禪定與佛家氣功修煉

定價200元

顛倒之術
定價360元

21 簡明氣功辭典

定價360元

22 八卦三合功

定價230元

23 朱砂掌健身養生功

定價250元

24 抗老功

定價230元

25 意氣按穴排濁自療法

定價250元

健身祛病小功法
定價200元

28 張氏太極混元功

定價250元

30 中國少林禪密功

定價200元

31 郭林新氣功

定價400元

32 八卦之源與健身養生

定價280元

33 現代原始氣功1

定價400元

開脈太極
定價300元

35 通靈功—養生祛病及入門功法

定價300元

37 太極內功養生法

定價180元

38 無極養生氣功

定價200元

39 氣的實踐小周天健康法

定價200元

40 達摩易筋經

定價350元

太極跤

1 太極防身術
定價300元

2 擒拿術
定價280元

3 中國式摔角
定價350元

簡化太極拳

1 陳式太極拳十三式
定價200元

2 楊式太極拳十三式
定價200元

3 吳式太極拳十三式
定價200元

4 武式太極拳十三式
定價200元

5 孫式太極拳十三式
定價200元

6 趙堡太極拳十三式
定價200元

原地太極拳

1 原地綜合太極二十四式
定價220元

2 原地活步太極四十二式
定價200元

3 原地簡化太極拳二十四式
定價200元

4 原地太極拳十二式
定價200元

5 原地青少年太極拳二十二式
定價220元

6 原地兒童太極拳十種十六式
定價180元

運動精進叢書

定價200元

2 怎樣投得遠

定價180元

3 怎樣跳得遠

定價180元

4 怎樣跳的高

定價180元

5 高爾夫揮桿原理

定價220元

定價220元

7 排球技巧圖解

定價230元

8 沙灘排球技巧圖解

定價230元

9 撞球技巧圖解

定價230元

10 籃球技巧圖解

定價220元

定價230元

12 羽毛球技巧圖解

定價220元

13 乒乓球技巧圖解

定價220元

14 曲線球與飛碟球

定價300元

15 街頭花式籃球

定價280元

定價330元

17 巴西青少年足球訓練方法

定價230元

18 籃球個人技術全圖解＋VCD

定價300元

19 門球（槌球）入門與提升180問

定價230元

20 美國青少年籃球訓練方式250例

定價280元

健康加油站

1 糖尿病預防與治療 定價200元

2 胃部機能與強健 定價180元

3 不孕症治療 定價200元

4 簡易醫學急救法 定價200元

5 肥胖健康診療 定價200元

6 肝功能健康診療

7 高血壓健康診療 定價200元

8 高血糖值健康診療 定價200元

9 尿酸值健康診療 定價200元

10 膽固醇中性脂肪健康診療 定價200元

11 痛風劇痛消除法 定價180元

12 三溫暖健康法

13 手‧腳病理按摩 定價180元

14 B型肝炎預防與治療 定價180元

15 吃得更漂亮、健康 定價180元

16 茶使您更健康 定價180元

17 圖解常見疾病運動療法 定價180元

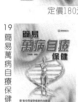

18 科學健身改變亞健康

19 簡易萬病自療保健 定價220元

20 王朝秘藥媚酒 定價180元

21 立見實效保健操 定價180元

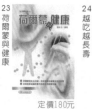

22 越吃越幸福 定價200元

23 荷爾蒙與健康 定價180元

24 越吃越長壽

25 自我保健鍛鍊 定價180元

26 斷食促進健康 定價180元

27 蔬菜健康法 定價200元

28 水果健康法 定價200元

29 越吃越苗條 定價200元

30 越吃越聰明

太極武術教學光碟

太極功夫扇
五十二式太極扇
演示：李德印 等
(2VCD)中國

夕陽美太極功夫扇
五十六式太極扇
演示：李德印 等
(2VCD)中國

自然太極拳81式
演示：祝大彤
內功篇(2VCD)、
技擊篇(2VCD)、
篇養生篇(2VCD)

太極內功解秘
演示：祝大彤
(2VCD)中國

陳氏太極拳及其技擊法
演示：馬虹(10VCD)中國
陳氏太極拳勁道釋秘
拆拳講勁
演示：馬虹(8DVD)中國
推手技巧及功力訓練
演示：馬虹(4VCD)中國

楊氏太極拳
演示：楊振鐸
(6VCD)中國

本公司還有其他武術光碟
歡迎來電詢問或至網站查詢
電話：02-28236031
網址：www.dah-jaan.com.tw

原版教學光碟

國家圖書館出版品預行編目資料

詠春拳速成搏擊術訓練／魏峰 編著
－初版－臺北市，大展，2006〔民 95〕
296 面；21 公分－（實用武術技擊；13）
ISBN 978-957-468-482-3（平裝）

1. 拳術—中國

528.97　　　　　　　　　　　　　　95012698

詠春拳速成搏擊術訓練　　ISBN 978-957-468-482-3

編　　著／魏　　　峰
責任編輯／葉　　　萊
發 行 人／蔡　森　明
出 版 者／大展出版社有限公司
社　　址／台北市北投區（石牌）致遠一路 2 段 12 巷 1 號
電　　話／(02) 28236031・28236033・28233123
傳　　真／(02) 28272069
郵政劃撥／01669551
網　　址／www.dah-jaan.com.tw
E-mail／service@dah-jaan.com.tw
登 記 證／局版臺業字第 2171 號
承 印 者／傳興印刷有限公司
裝　　訂／建鑫裝訂有限公司
排 版 者／弘益電腦排版有限公司
授 權 者／北京體育大學出版社
初版 1 刷／2006 年（民 95 年）9 月
初版 4 刷／2011 年（民 100 年）5 月　　　　　　定價／280 元

大展好書　好書大展

品嘗好書　冠群可期